うこと（上）

あなたの人生に奇跡を起こす法

ディーパック・チョプラ
住友　進＝訳

サンマーク文庫

リタ、マリカ、ゴサム、キャンディス、サマンサ、タラへ
君たちは、わたしの宇宙のダンスをつくりあげてくれる。

謝辞

チョプラ・センターのシンクロディスティニ講座に長年参加してきた、すべての学生に感謝する。
彼らは本書に紹介した知識を、経験を通して実証してくれた。

サラ・ケリー、クリスチン・ハッチェンズ、ジム・ロームズには
この講義になくてはならない援助をしていただいた。

わたしのパートナーのデヴィッド・サイモンは、刺激的で挑戦的な会話で
たえずわたしの知の地平線を広げてくれた。

キャロライン・レンゲル、フェリシア・レンゲル、アン・マリー・ジラードは
知識の拡大に貢献してくれた。

編集者のピーター・ガザルディーは完璧《かんぺき》な編集技術を駆使し、この原稿をまとめあげてくれた。

そして最後に、わたしが達成する可能性のあるすべてのことを可能にしてくれた
チョプラ・センターのスタッフに感謝する。

わたしは真っ赤に輝く聖なる英知の光になり、
美しい平野を燃え立たせ、
水面をきらきら光らせる。
太陽や月や星を燃やし、
英知をもって、あらゆるものに適切に指示を出す。
わたしは地球を美しく飾る。
そよ風になってすべての緑を育て、
露から落ちる雨になり、
草原を笑わせる、
人生の喜びで。
わたしは涙を、神聖な御業《みわざ》の香りを呼び起こす。
わたしは善に憧《あこが》れるものなり。

ビンゲンのヒルデガルド（1098―1179）

プロローグ

奇跡は毎日起こっています。地球を半周した遠い田舎の村や聖地だけの話ではなく、わたしたちが暮らしている、今この場所で起きているのです。奇跡は隠れたところからひょっこり顔を出し、一瞬チャンスで取り囲んでくれたかと思うと、すぐに姿を消します。

奇跡は日常生活に現れる流れ星のようなものです。めったに見ることはできず、見つけると、何か不思議なものに出会ったような気がしてきます。しかし、流れ星はいつも空を横切っています。日中は日差しがまぶしくて気づかないだけですし、雲ひとつない暗い夜も、たまたま見上げた場所が星の通り道とは違っているから、見つからないにすぎません。

流れ星と同じように、奇跡もわたしたちの意識を毎日のように横切っています。自分の運命がこれからどうなるのかわからなくても、奇跡に気づくか無視するのかの、どちらかを選ぶことはできます。結果は歴然としています。奇跡にきちんと目を配ってさえいれば、夢にも思い描けなかったほど驚きと刺激に満ちた人生が始まり、素晴らしい体験も増えていくのです。

しかし無視してしまえば、チャンスは永遠に遠ざかってしまうでしょう。すべては、奇跡に出会ったとき、気づけるかどうかにかかっています。あなたには数多くの奇跡が訪れています。奇跡に気づいたならどうしますか？　その奇跡を上手に組み合わせて最大限の効果を生み出そうとするなら、多くの奇跡のなかから、あなたは何を選ぶでしょう？

あなたの内面には、肉体や思考や感情を超越した純粋な可能性の「場」が存在しています。この場には不可能の文字はありません。奇跡を起こすこともできます。いいえ、ここでこそ奇跡が起きているのです。あなたの内面に存在するこの場は、存在するあらゆるものだけでなく、まだ形として現れないすべてのものと関連しあっています。

わたしは、この無限の可能性に開かれた場を活用する方法を探究し、人々に教えることに生涯を捧《ささ》げてきました。この場によって、人は人生を物質的、感情的、肉体的、スピリチュアルに変化させ、よりよくしていくことができるのです。

これまで、わたしは具体的なテーマで本を書いてきました。しかし、本書ではもっと大きな目標を掲げています。すなわち、日常生活という幻想の世界に隠されている深遠な真実を見つける方法を、みなさんにお教えしようとしているのです。本書を読み終えれば、あなたは自分が本来歩まなくてはいけない道を見つけ出し、自らの運命に向かって生きていけるでしょう。そうすることで充実した人生を送り、最終的には人生の目的を見つけ出せるのです。

わたしは十年以上もの間、偶然の一致（シンクロニシティ）こそ人生を導き、形づくっていく原動力であるという考えに魅了され続けてきました。驚くような出来事、不可解だと思える出来事に遭遇した経験が誰にもあるはずです。いくつか例を挙げてみましょう。

――クローゼットの整理をしているとき、何年も話をしていなかった人からの贈り物が見つかった。すると一時間後、その人から突然、電話がかかってきた。

――まだ実験段階の皮膚癌《がん》の治療法に関する新聞記事を読み、なんとなくその新聞を取っておいた。その一か月後、親戚《しんせき》から皮膚癌の診断を受けたという連絡がくる。記事の情報を伝えたところ、親戚は新しい治療法を試し、命を落とさずにすんだ。

――車が人里離れた道路わきで故障し、数時間も途方に暮れていた。ところが運よく、最初に通りかかった車がレッカー車だった。

このような瞬間を、単なる偶然の一致と言ってすませることはできるでしょうか？　もちろん、そう言うこともできますが、じっくり調べてみれば、これらの出来事は奇跡がちらりと顔をのぞかせた証拠かもしれないのです。不思議な体験をするたびに、「混乱した世の中で起こった偶然にすぎない」と簡単に片づけることもできれば、それが人生を変えるかもしれない重要な出来事だと気づく人もいるのです。わたしに言わせてもらえれば、無意味な偶然の一致などありません。すべてが何か大切なことを伝えてくるメッセージだったり、人生において改めなくてはいけないことへのヒントだったりするのです。

あなたは今まで、自分の心の奥でささやかれている、穏やかで静かな「声」に耳を傾けたことがあるでしょうか？　そして、何かまたは誰かについて「虫の知らせ」を感じたことはありませんか？　このような内面のささやきや虫の知らせには、きちんと注意を払わなくてはいけません。人生に起こる偶然の一致を心にとめるようにすれば、メッセージはもっとはっきり聞こえてきます。偶然の一致を生み出している力を理解し、その力に影響を及ぼすことで、あなたは意味のある偶然の一致を自ら起こせるようになります。人生に起こる奇跡にますます気づき、一瞬一瞬に畏《い》敬《けい》の念を感じ取れるようになるのです。

たいていの人は、ワクワクしたり、ビクビクしたり、イライラしながら生きています。かくれんぼをしている子供のようなもので、見つけてもらいたいのに見つからないように願い、期待しながらじっと爪《つめ》をかんでいるのです。せっかくチャンスが訪れても、身近に迫ってくると不安になり、なぜか恐ろしくさえ感じ、結局、影のなかにすっぽりと隠れてしまいます。

これは、損な生き方です。真実をしっかりと把握し、悟りを開いた人々は、あらゆる恐怖や不安を抱かなくなります。不安はすべて消えゆくものです。実際に人生を動かしているもの、すなわち一瞬一瞬を方向づけているエネルギー、情報や知性について理解すれば、あなたは今、この瞬間が、驚くべき可能性に開かれているとわかるようになります。もう平凡なことに煩わされず、心は軽くなり、喜びがふつふつとわいてきます。その結果、数多くの偶然の一致を体験できる人生が開けていくのです。

偶然の一致の意味を理解して、人生を送るようになれば、心の奥に横たわっている無限の可能性の場につながることができます。つながった瞬間、奇跡が起こりはじめるのです。これが「シンクロディスティニ（運命を変える偶然の一致）」と呼ばれる状態です。この状態に置かれると、すべての願望が、花が咲くように、自然に実現するようになります。しかしシンクロディスティニを起こすには、物質的な世界に出現する複雑な〝偶然の一致のダンス〟に気づくだけでなく、心の奥深い場所にも赴かなくてはいけません。ものごとの性質を深く理解し、わたしたちの宇宙をたえず創《つく》り出している知性の泉に気づかなくてはなりません。奇跡が訪れたときには、自分を変えていくチャンスを、どこまでも追い求める意思をもつことが肝心なのです。

過去は「小さな奇跡」の積み重ね

このテーマをさらに深く調べていく前に、ちょっとした実験をしてみましょう。目を閉じて、過去二十四時間に実行したことを思い起こしてください。現時点からちょうど一日前の時点まで、少しずつ記憶をさかのぼっていきます。あなたが実行したことや頭をよぎった考え、心に影響を及ぼした感情をできるだけ詳しく思い出し、心の目に浮かべてください。

過去二十四時間の出来事を思い浮かべたら、そこからひとつのテーマを選びます。特別に重要だったり、強く印象に残った出来事である必要はありません。銀行に行ったなら、お金というテーマが選ばれるかもしれません。病院に予約をしたなら、健康というテーマを選択するかもしれません。ゴルフやテニスをしたなら、運動に意識が集中するかもしれません。どのようなテーマを選ぶか、数秒間、考えてみてください。

では次に、過去五年間を振り返ります。まず今日の日付に意識を集中し、それから五年前の同じ日付にたどり着くまで、一年ごとに振り返っていきましょう。回想しているとき、自分がいた場所や実行したことを思い出せるか確かめてください。できるだけ鮮明に、そのときの自分の人生を思い描いてみましょう。

金銭、健康、宗教などいずれのテーマであれ、五年前の自分をはっきりと心に思い描けたなら、まず過去二十四時間のテーマに照準を合わせます。次に、現在にいたるまでの過去五年、そのテーマとあなたの関係をできるだけ具体的に追跡してみてください。たとえば健康がテーマなら、かかった病気を思い出し、どんな医師と出会ったか、タバコをやめる決意をしたのか、それが食生活など人生のさまざまな領域に、どう影響しているのか思い出してください。

選んだテーマが人生をどう変え、今の自分の生き方にどう影響しているかに思いをめぐらせているとき、あなたはそこに数多くの「偶然の一致」を見いだしているはずです。人生を左右するのは、偶然の出会い、転機、突然の進路の変更などです。最初のうちは、自分が選んだテーマがそれほど重要ではないように思えるかもしれません。しかし人生の一部分は、たちまちほかの部分とも関連をもちはじめます。このように自分の過去を探っていくことで、偶然の一致が人生でいかに大きな役割を演じているのか、洞察することができます。ほんの少しでも状況が変わっていたなら、あなたの人生はまったく違うものとなり、今とは異なる人々に出会い、違う仕事についていたかもしれません。

いくら綿密な人生設計をしたとしても、そのとおりに生きることなどできません。思いもよらない出来事が生じ、あなたの運命をつくっていきます。毎日、偶然の一致、つまり小さな奇跡が起こるのは、あなたが今まで夢見ていたよりはるかに壮大な計画を、宇宙があなたに用意している証拠なのです。

人はわたしを「筋書きどおりの人生を送ってきた人物」だと言います。しかし、わたしにとって人生はいつも驚きの連続でした。今の自分へと導いてくれた偶然の一致が、過去に数多く起こっているのです。

わたしの父は、インド陸軍でイギリス帝国最後のインド総督マウントバッテン伯爵の主治医をしていました。父は伯爵夫人とも親しくなり、この友情を通して奨学金に応募し、王立医科大学の特別会員を志したのです。わたしが六歳のころ、父はイギリスに行くことになりました。母も父の世話をするためしばらくインドを離れることになり、わたしと弟は祖父母に預けられました。

ある日、イギリスの父から電報が届きました。そこには、やっとすべての試験に合格したとあり、その日は家族全員にとって、とても大切な一日になりました。幼いころ、あれほどワクワクした日はありません。目標を達成した息子に鼻高々の祖父は、わたしたちと映画を見、カーニバルやレストランにも連れて行ってくれ、おもちゃや砂糖菓子まで買ってくれました。その日は一日中、次から次へと楽しい出来事の連続でした。

ところが、その夜遅く、弟とわたしは泣き叫ぶ声で目を覚ましました。すぐに事態は飲み込めませんでしたが、それは喪服を着た女性が、祖父の死を嘆き悲しんでいる声だったのです。祖父の遺体は家から運び出されると、荼毘《だび》にふされ、その灰はガンジス川にまかれました。

祖父の死は、弟とわたしに大きな衝撃を与えました。

わたしはよく夜中に目を覚まし、祖父が今どこにいるのか、肉体が死んだあとも祖父の魂は生きているのか、ベッドのなかであれこれ考えたものです。弟にはわたしとは違う反応が現れました。ひどい日焼けをしたときのように、皮膚がむけてしまったのです。原因不明の症状を、何人かの医師に診てもらいました。ある聡明《そうめい》な医師が、最近受けた心の痛手のせいで弟は傷つきやすくなり、病気への抵抗力を失ってしまったのだろうと言いました。むけた皮膚は、弟の心の状態が身体に現れたものだったのです。医師は両親がインドに戻れば、皮膚は回復すると言ってくれました。実際、父と母が帰国すると、けろりと治ってしまったのです。

今、振り返ってみると、幼いころの出来事が、わたしを天職へと導く種子をまいてくれたことがわかります。それが魂とは何かを理解するための探求、健康と心身との関連を調べる研究へとわたしを案内してくれたのです。数多くの偶然の一致が連なった結果、わたしは現在の職業を選びました。では、その始まりとなった出来事は何かと問われれば、父とマウントバッテン伯爵夫人が仲良しになったことを挙げます。ほかにも今の仕事とは一見関連のないように思える出来事が、さらに人生に影響を及ぼしました。

学生時代、わたしがいちばん親しかったのは、オッポという少年でした。彼は並外れた言語感覚の持ち主で、作文が宿題のときはいつも最高点を取っていました。彼といっしょにいると、とても楽しくなりました。オッポのやることはすべて、自分でもやりたくなってくるのです。彼が作家になる決意をすると、わたしも作家になることにしました。しかし父の夢は、わたしを医師にすることでした。

将来について、父と膝《ひざ》をまじえて語り合ったとき、わたしはこう宣言しました。

「医師になる気はありません。医学に関心がないんです。僕の夢は偉大な作家になることです」

すると十四歳の誕生日が近づいたとき、父は素晴らしい文学作品を贈ってくれました。W・サマセット・モームの『人間の絆』（邦訳：新潮社刊）、シンクレア・ルイスの『ドクターアロースミス』（邦訳：小学館刊）、ロイド・C・ダグラスの『愛と光』（邦訳：なし）。そのとき父は口には出しませんでしたが、三冊とも医師が主人公の作品でした。わたしはこれらの小説に深い感銘を受け、やがて医師になりたいという気持ちがわいてきたのです。

医師になることは、スピリチュアリティの探究を始めるにはうってつけに思えました。まず、人体の謎《なぞ》を解明することで、いつの日か魂の探究にも取りかかれるとわたしは考えたのです。

オッポと出会っていなければ、文章を書くことへの情熱をはぐくむことはけっしてなかったでしょう。また、父が作家になることに反対し、医師を主人公にした小説をプレゼントしてくれなければ、今ごろわたしはジャーナリストになっていたかもしれません。しかし、このような一見関連のない出来事や人間関係の網の目（マウントバッテン伯爵夫人から父、祖父と弟、オッポ）は、お互いシンクロ（同調）していたのです。偶然の一致のひそかなはからいがわたしを形づくり、今日、わたしが心から楽しんでいる人生へと導いてくれたようです。

勇気を与え、人生を方向づけてくれる偶然の一致の網の目に、誰もが巻き込まれていきます。まさにこの瞬間にも、運命はわたしにこの本を書かせるよう導き、このページの言葉を通してあなたに親しく話をするよう動かしてくれたのです。

今、あなたがこのページを読んでいるという事実、図書館や書店に入ってこの本を見つけ、表紙を開いたという事実が、すでに運命を織りなす糸です。この本を読み、時間やエネルギーをシンクロディスティニを学ぶために捧げようとしている事実がまさに、あなたの人生を変えるかもしれない偶然の一致なのです。

どのような状況であなたはこの本を手にとりましたか？　ほかの何千冊もの本を差しおいて選んだ理由は何ですか？　最初の一文を読んだ瞬間、人生をどう変えていきたいと思いましたか？

人生のなかに偶然の一致の網の目を見ることとは、シンクロディスティニを理解し、実現していくための第一段階にすぎません。次の段階は、偶然の一致が起こっているとき、リアルタイムで、もっとその状況に気づくことです。あとで振り返って、「あれは偶然の一致だった」と気づくのはたやすいことですが、まさしくそれが発生している瞬間、偶然の一致に気づくことができたなら、今この瞬間に訪れたチャンスを最大限に利用できます。あなたが偶然の一致に注意を払えば払うほど、シンクロニシティが起こります。人生の道や方向について送られてくるメッセージを、ますますはっきりと受け取れるようになるのです。

シンクロディスティニを実現する最終段階は、あらゆるものが互いに関係しあっていることにしっかりと気づき、一つひとつの出来事が次の出来事にどのような影響を及ぼしているのか、そして全体が互いにどのように「同調」しているか、はっきりと気づいた瞬間に訪れます。「同調」とは一体となり、ひとつとなって影響を及ぼすことを言います。

ひとつの方向に泳いでいた魚の群れが、一瞬ですべて同じ方向に向きを変える場面を思い描いてください。そこには指令を出しているリーダーはいません。魚は「前の魚が左に曲がったから、自分も左に曲がろう」と思っているわけではないのです。すべての魚が同時に方向を変える――シンクロニシティ――は、まさに自然の中心に存在し、自然全体に行き渡っている、偉大な知性によって演出されています。魂を通して、わたしたち一人ひとりにその知性が現れてくるのです。

魂のレベルで生きられるようになった瞬間、たくさんのことが発生します。わたしたちは生きとし生けるすべてのものを支配している、もっとも素晴らしいパターンや同調したリズムに気づくようになります。どんな記憶や体験が、今の自分に導いてくれたのかがわかり、真実の世界が徐々に明らかになっていきます。あなたが畏敬の念を抱きながら立ち止まってその世界を観察している瞬間、恐怖や不安は消え去っていきます。自分を取り巻いている偶然の一致の網の目に気づき、どんなにささいな出来事のなかにも意味があると気づくようになります。より意識的に注意を払うと、この偶然の一致は人生のなかに具体的な成果を生み出していきます。人間は宇宙全体とつながり、すべてのものを結びつけているスピリットの存在に気づきます。

心の奥深くに潜んでいる不思議なパワーの覆いを取り除き、光り輝く時間を見つけ出し、今、この瞬間を満喫できるようになります。運命は無限の創造性に満ちています。本来、運命とはそうあるべきものです。わたしたちは心のいちばん奥で影をひそめていた夢を実現し、悟りに近づくことができるのです。

これこそ、シンクロデスティニが実現してくれる奇跡なのです。

本書について

本書は二部構成になっています。第1部（上巻）では、偶然の一致、シンクロニシティ、シンクロデスティニに働いている力学を探究し、「それらがどのように作用しているのか？」という問いに答えていきます。第2部（下巻）では、学んだことを応用するための毎日の計画とシンクロデスティニの七つの原理を紹介し、「自分にとってそれがどんな意味があるか？」を明かします。本書にはふたつの目標があります。ひとつはシンクロデスティニがどのような働きをしているのか理解することで、もうひとつはそのパワーを日常の生活に活《い》かす具体的なテクニックを学ぶことです。

過去十年の間に、シンクロディスティニに関する考えは進歩し、その謎がますます解明されています。

わたしはこの本を現状に合わせ、できるだけわかりやすく書くよう努力しました。それでもなかには、まったく理解できないと感じるところがあるかもしれません。しかし、一段落、一ページわからないからといって、そこで立ち止まってはいけません。それぞれの章は、最終章の結論にあなたを導いていくように構成されています。ですから、読みすすむに従って、要点が明らかになっていくでしょう。

わずかな時間でも、毎日、本書のメソッドを実践に移していただければ、奇跡が起こせるようになるだけでなく、奇跡がいたるところに存在していることがわかるでしょう。

奇跡はあなたの人生で毎日、毎時間、いえ、今、この瞬間にも起こっているのです。運命の種子は、まだあなたの内面に眠ったままでいます。その種子の芽を出し、どんな夢でも見られなかった素晴らしい人生をつかみとってください。そのための方法を、これから紹介していくことにしましょう。

あなたにも、奇跡が起こります。

ゆだねるということ（上）　目次

4 個人的な意思・宇宙的な意思

5 偶然の一致の役割

6 あなた自身の「原型」を知る

装幀　川上成夫
装画　井筒啓之
DTP　秀文社
編集協力　金原良明

第1部

無限の可能性

1　ほんとうの自分がいる「場」

物心がついた瞬間から、人はこの世の中で自分が置かれている立場に疑問を抱きはじめます。

「なぜ、わたしはここにいるのか？」

「どうすればこの世の中で自分の居場所を見つけられるのか？」

「わたしの運命はどうなるのか？」

人類は永遠にこう問い続けているのです。子供のころ、未来は自分の好きなように物語を描くことのできる真っ白い紙でした。未来には無限の可能性が広がり、新しい発見が約束されていました。無限の可能性に挑戦しながら生きる喜びに、心をときめかせていたのです。

ところが大人になるにつれ、身のほどを知るよう「諭され」、夢はしぼんでいきます。かつては無限だと思っていた可能性は狭められ、ちぢんでしまいます。

しかし、子供時代のときめきを取り戻す方法があります。ほんとうの現実とは何か理解し、あらゆるものが互いに関連をもち、分かちがたく結びついているという真実に気づきさえすればよいのです。加えて、これからご紹介する具体的なテクニックを応用すれば、あなたには素晴らしい世界が開かれていきます。たまにしかめぐってこなかった幸運やチャンスが、もっとたくさんあなたのもとに訪れてきます。

ところで、シンクロディスティニにはどれくらいの力が秘められているのでしょう?

懐中電灯を手に、真っ暗な部屋にいる自分を想像してください。明かりをつけると、壁にかかっている美しい絵画が目に飛び込んできます。あなたは「素晴らしい芸術作品には違いないけど、絵はこれしかないのだろうか?」と思っています。すると、いきなり頭上の電気がつき、部屋全体がぱっと明るくなります。周囲を見回すと、なんとそこは美術館。あなたのまわりを何百枚もの絵画がぐるりと取り囲んでいます。一枚ずつ見ていくうちに、絵画はますます美しくなっていきます。懐中電灯の弱い光に照らされた一枚の絵画だけで、我慢する必要もなくなります。ただ、自分を取り囲んでいる無限の可能性に気づくだけで。

シンクロディスティニは、素晴らしい人生を約束してくれます。暗い部屋はぱっと明るくなり、あてずっぽうではなく、真実の決断を下しながら人生を歩めるようになります。生きがいを見いだし、あらゆるものが結びついているというシンクロニシティの真理を理解し、理想とする人生を選び、魂を進化させる旅に出られます。シンクロディスティニを意識的にとらえられれば、自分の意思に従って人生を変えていけるようになるのです。

そんな人生への第一歩として、三つの存在レベルとはどのようなものか、理解しておきましょう。

第一の存在レベル　現実――物理的な領域

第一の存在レベルである物理的（物質的）な領域は、わたしたちがもっとも慣れ親しんでいる、目に見える宇宙のことです。この世界は現実世界とも呼ばれ、三次元の硬い境目をもつ物質や事物のすべてが含まれています。わたしたちが見たり、聞いたり、触れたり、味わったり、かいだりできるすべてのものがここに属しています。人体、風、大地、水、ガス、動物、微生物、分子、この本のページもすべて、第一の存在レベルのものなのです。

物理的な領域では、時間の矢印と呼ばれるように、時間が過去から現在、未来へと一直線に流れているように見えます。物理的な領域に存在するすべてのものには、始まりと中間と終わりがあり、永遠ではありません。この世のすべては、生まれるといずれは老いて死んでいきます。山も同じで、地球の内部のドロドロに溶けたマグマからそそりたち、やがて雨や風に浸食され、再び低くなっていくのです。

人間が体験している物理的な世界は、原因と結果の法則に支配されているので、あらゆることが予測可能です。ニュートンの物理学は、作用と反作用を予測できるようにしてくれました。たとえば、ビリヤードの玉がある速度と角度でほかの玉とぶつかった場合、それぞれの玉がどの方向に転がっていくのか正確に突き止めることができますし、科学者は日食が発生する時刻や継続時間を計算で出すことができます。世の中の「常識」として理解されているすべてが、この物理的な領域における出来事なのです。

第二の存在レベル　量子――エネルギーの領域

すべてのものが情報とエネルギーから成り立っているのが第二の存在レベルです。量子の領域と呼ばれているこのレベルに存在するものには、すべて実体がありません。すなわち、五感で知覚することはできません。ふつう「自己」だと考えている精神、思考、自我などのあなたの一部はすべてこの量子の領域に含まれているのです。精神や思考に形はありませんが、現実に存在していることを疑う人はいません。この領域は、精神という観点から考えると、いちばん理解しやすいでしょう。しかし、この領域にはそれだけでは語りつくせない多くの要素が含まれています。実は、宇宙に存在している形あるものはすべて、量子の領域のエネルギーと情報が形となって現れてきたものにほかならないのです。

物理的な世界に存在するすべてのものが、実際には情報とエネルギーで成り立っていることを説明する方法があります。有名なアインシュタインの$E = mc^2$の公式です。わたしたちは、ここからエネルギー（E）が、質量（m）×光の速度（c）の二乗に等しいことを学びました。すなわち、物質（質量）とエネルギーは、形が違うだけで実は同じものなのです。

学校の授業では、固体はすべて分子から成り立ち、この分子はさらに小さな原子と呼ばれる単位で構成されていると教えられます。今、わたしが座っている椅子《いす》は堅そうに見えますが、実は高倍率の顕微鏡でやっと目にできる、非常に小さな原子からできているのです。授業がさらに進むと、原子は電子・陽子・中性子などから構成されていることを学びます。そして、これらはまさしく情報やエネルギーの束（または波動）なのです。第二の存在レベルの観点から見れば、あなたが座っている椅子は、まさしくエネルギーや情報からできていると言えるでしょう。

最初はなかなか、この考えにうなずけないかもしれません。では、目に見えないはずのエネルギーや情報の波を、人間はなぜ固体として認識してしまうのでしょう？

量子の領域での出来事は、光の速さで発生しているため、人間の知覚では処理できません。人間が事物を別々のものとして認識しているのは、エネルギーの波に異なる情報が含まれているからです。この情報の中身はエネルギーの波のもつ周波数（振動）で決定されています。それはラジオを聞くことに似ています。たとえば、ラジオを101・5FMの周波数に合わせれば、そこはクラシック専門の放送局かもしれません。次に、周波数を変えてみたらどうでしょう？　101・9FMの周波数に合わせれば、そこはロックだけを流している放送局かもしれません。これと同じように、エネルギー波のもつ情報も、振動の仕方によって変化するのです。

事物や物質の世界である物理的世界も、異なる周波数で振動するエネルギーが含まれる情報で成り立っています。

ところが人間の知覚は鈍感で、大ざっぱにしか記録できないため、宇宙に存在するすべてのものを椅子、身体、水といった「物」として認識しているのです。

映画にたとえて説明することもできるでしょう。映画は数多くのフィルムのコマからできていて、コマとコマとの間には隙間《すきま》があります。映写室でリールに巻いてあるフィルムを眺めれば、一つひとつのコマの間に隙間があるのがわかるでしょう。しかし、映画を鑑賞するときには、つなぎあわされたコマが素早く再生されているので、人間の感覚のレベルではコマが一つひとつ別々のものとはとらえられず、一定の情報の流れとして認識されています。

また量子のレベルでは、わたしたちが固体として認識している、異なる周波数で振動するさまざまなエネルギーの場は、すべて、ひとつの集合的エネルギーの場に包み込まれています。仮に人間が量子のレベルで発生しているあらゆることを知覚できるなら、そのすべてが大きな「エネルギーのスープ（集合的エネルギー）」のなかに入っていることがわかるでしょう。

物理的な領域に存在しているすべてのものは、このスープのなかを漂う、凝縮されたエネルギーにすぎないのです。あなたのエネルギーの場は、たえず、ほかのすべてのエネルギーの場と接触し、影響を及ぼしあっています。日常ではほとんど気づかないのですが、誰でもこの状況がとりわけ強く感じられる瞬間があります。たとえば、部屋に入った瞬間、「ナイフで切り裂けるほど厚い、ピンと張り詰めた空気」を感じたり、教会や寺院のなかに入った瞬間、大きな安らぎに包まれたりした経験があなたにもあるはずです。その感触はあなたのエネルギーがその部屋や寺院の環境がもつ集合的エネルギーと溶けあったことで、あなたの感覚に刻みつけられたものです。

物理的な領域で、人間はたえずエネルギーや情報を交換しあっています。

道に立って、百メートル先を歩いている人のタバコの煙をかぐ場面を想像してください。この状況で、あなたは百メートル離れた人間の息を吸っていることになります。タバコの煙は、あなたがほかの人の息を吸い込んでいることを知らせる「しるし」にすぎません。別にタバコの煙がなくても、あなたが他人の息を吸っていることに変わりはないのです。息は煙のようにはっきりと見えないから、気づかないだけの話です。

もっと詳しく言えば、この世の中に存在するありとあらゆるものの間には、仕切りなどないのです。何かに触れた瞬間、あなたはそのモノと自分との間にはっきりとした境目があるように思い込んでいます。物理学者はかつて、すべてのものは原子で構成され、硬さとは原子と原子がぶつかりあって生じる感触だから、人間はその境目を固体として感じるのだと言っていました。しかし、実際には原子にも境目は存在していないのです。ひとつの原子には小さな核があり、その周囲を電子の雲が取り巻いています。原子にはしっかりと固定された殻などなく、電子の雲が漂っているだけなのです。

フットボールの競技場の真ん中に置いてあるピーナッツを想像してください。ピーナッツは原子核で、競技場はその核の周囲を取り巻く電子の雲です。「モノに触れる」とは、電子の雲にぶつかることであり、人間はそれを「固体」だと認識します。しかしそれは、人間の知覚が鈍感だからなのです。人間の目は、物体を三次元の固体として見るようにプログラムされていますし、末梢《まっしょう》神経も、物体を三次元の固体として感じるように設計されているのです。前述したとおり、量子の領域には固体は存在していません。しかも、ふたつの電子の雲がぶつかると、両者の一部が溶けていくのです！　あなたのエネルギーの場（電子の雲）が何かに触れると、その場のわずかな部分が溶け出していきます。自分では、まったく変わっていないと思っていても、あなたのエネルギーは触れた物体にほんの少し奪われます。かわりに、あなたもその物体から少量のエネルギーを受け取っています。このようにあらゆる出会いで、情報とエネルギーの交換が行われ、わずかな変化が起きているのです。すべての人間が、エネルギーの場の一部をたえず分けあっているのです。

量子の領域を覗《のぞ》ける目をもっていたら、世の中はどう映るでしょう？　そこでは、物理的な世界で固体だと思っていたすべてのものが、光の速さで無限の空間に現れては、消えていきます。宇宙では、ものが現れては消えているのです。「世界は継続的で、固体で形成されている」という考えは、エネルギーと情報を識別できない人間の感覚がつくりあげた想像です。実際、人間もつねに現れては、消えています。感覚を微調整できたなら、自分のなかに隙間があるのが実際に見えることでしょう。今、ここにいても、次の瞬間には消えて、たちまち舞い戻ってくるのです。

この理論にまつわるたとえ話があります。カタツムリが光を認識するには約三秒かかります。そのカタツムリがわたしを見ていたとします。わたしが部屋を離れ、銀行を襲撃し、三秒後に戻ってきたとすると、カタツムリは一度もわたしが部屋を出たのを見ていないことになります。裁判所に連れていけば、わたしの完全なアリバイを証言してくれるでしょう。カタツムリにとって、わたしが部屋から消えていた時間は、映画のコマとコマの間の隙間の時間です。カタツムリはこの間隙《かんげき》をまったく認識できないでしょう。

こんな禅問答もあります。ふたりの僧が、風に揺れている旗を見ていました。ひとりの僧が「揺れているのは旗だ」と言いました。するともうひとりの僧が「いや、揺れているのは風だ」と強く反論しました。そこに、僧たちの師がやってきました。

そこでふたりは「いったい、どちらの意見が正しいか教えてください」と尋ねました。すると師は、「どちらも間違いだ。揺れているのは意識にほかならない」と答えたのです。

精神はエネルギーや情報が集まる場です。すべての思考はエネルギーであり、情報なのです。実際にはエネルギーのスープであるものを、目に見える物理的な実体だと認識することで、あなたは自分の身体や世界を想像してきました。では、この想像をつくり出している張本人である精神は、いったいどこから生まれてくるものなのでしょう？

第三の存在レベル　「すべて」である領域

第三の存在レベルは、知性または意識で成り立っています。この存在のレベルを、仮想領域、スピリチュアルな領域、可能性の領域、「すべて」である知性（非局所的知性）と呼ぶことができるかもしれません。ここは情報やエネルギーが、無限の可能性のなかから表面に浮かび上がってくる場所です。自然のもっとも根本的かつ基本的なレベルは、物質的なものでも、エネルギーや情報のスープでもありません。それは純粋な可能性の場なのです。このレベルは、空間や時間を超越した「すべて」である領域（非局所的領域）で営まれています。この領域には時間も空間も存在していません。「すべて（非局所的）」と呼ばれるのは、この領域が存在する場所をあなたの「内部」や「外部」といった特定の場所に限定できないからです。まさに場所に関係なく存在しているのです。

「エネルギーのスープ」に手を加えて、人間に理解できる実体に変換しているのが、このスピリチュアルな領域の知性です。量子を結びつけて原子にし、原子を結びつけて分子にし、分子を結びつけて物質の構造を築きあげている力がこの知性です。つまり、すべてのものの背後に存在している、組織化する力と言えるでしょう。

少し理解しにくい考えかもしれませんので、簡単な例を挙げてみましょう。今、この本を読んでいるあなたの目は、ページの上の黒い印刷物を眺めています。あなたの脳はこの印刷物を文字や言葉という象徴に変換し、意味を理解しています。ここで一歩引いて、「読んでいるのは誰か？」「自分の思考の背後にある意識とは何か？」と自分に問いかけてみましょう。あなたの脳は素早く暗号を解読し、分析し、翻訳していますが、「本を読もう」という意思が働かなくては読むことはできません。では、その意思はどこから生まれてきたのでしょう？　ほんの少し注意をずらせば、あなたの内面にいる存在、つねにあなたをある行動へと仕向けている「総司令官」がいることに気づくでしょう。あなたの内面にはふたつのプロセスがあり、あなたの思考は二重になっています。つまり、あなたという「一部」の奥に、魂という「すべて」である知性が存在し、本を読むという体験をしているのです。その体験は第三の存在レベルで発生しています。

「すべて」である領域は、場所に関係なく情報やエネルギーの活動を創《つく》り出し、組織化しています。ベストセラー作家で、精神世界の開拓者であるラリー・ドッシー博士の説では、この「すべて」の領域で起こる出来事には、物理的な世界の出来事と明らかに異なる重要な特色があります。それは「無媒介性」「非軽減性」「即時性」という互いに関連する三つの性質です。ドッシー博士が挙げるこの三つの性質の意味を簡単に述べておくことにしましょう。

ひとつ目の「無媒介性」とは、原因も結果もないという意味です。ふたつ以上の電子の行動の間には、因果関係が成立しません。「ある電子の行動が、ほかの電子の行動に影響を及ぼす」のではなく、「ひとつの電子の行動は、瞬時に別の電子の行動と関連し、結びつく」のです。つまり、相手に話すことによって初めて意思が伝わるのではなく、同じ曲に合わせてダンスをしているように、瞬時に互いが関連のある動きをするのです。

ふたつ目の「非軽減性」とは、「すべて」である出来事の相互関係は変わらないということです。空間的に離れていたり、時間が隔たっていても、お互いの関係は変化しません。たとえば、あなたとわたしが部屋のなかで話している場合と通りを隔てて話している場合では、声はかなり違って聞こえるでしょう。もっと遠くなれば、声はさらに小さくなっていきます。しかし、あなたが「すべて」である領域にいたとすれば、隣であれ、通りの向こうであれ、一マイル離れていても、別の大陸にいても、声ははっきりと聞こえることでしょう。

三つ目の「即時性」とは、「すべて」である領域では移動する時間は必要ないということです。ご存じのとおり、光と音の速度は異なっています。だから、雷のゴロゴロという音を耳にする前に、遠くに稲妻が光って見えるのです。しかし、「すべて」である領域には音と光のような時間のずれはなく、古典的な物理学の法則には従いません。信号もなければ、光も、音も存在していないのです。

「すべて」である仮想の存在レベルで起きる出来事は、瞬時に、因果関係もなく、時間や距離にも影響されることなく発生するのです。

「すべて」である知性は瞬時にあらゆる場所に伝わり、さまざまな場所で同時に複数の結果をもたらすことができます。世の中のすべてのものを組織化し、同時に発生させているのがこの仮想領域です。この領域こそ、シンクロディスティニになくてはならない偶然の一致をもたらす場なのです。この領域で過ごせるようになれば、あらゆる願望がすんなりと叶《かな》えられます。

あなたも、奇跡を起こせるようになるのです。

仮想領域を現代物理学で解き明かす

仮想という言葉を使いましたが、この領域は想像の産物ではありません。自己を超越する宇宙のパワーをなんとか手に入れたいと願っている人間が、勝手に頭ででっちあげた世界とはわけが違います。

哲学者は何千年もの間、「スピリット（霊魂）」の存在について論争してきましたが、この「すべて」である知性、すなわちスピリットが実存している証拠が出てきたのは、ようやく二十世紀に入ってからのことです。多少複雑に思える説ですが、本書を最後まで読んでもらえれば、わたしが初めてこの真実を知った瞬間と同じような、大きな驚きや興奮を味わっていただけるでしょう。

これまで、ほとんどの人が学校で、「宇宙は固体である粒子と、固体でない波長のふたつから成り立っている」と習いました。「世界のすべての固体の基本要素は粒子」であり、「原子のなかにある電子のような物体の最小単位も粒子」だと学んできたのです。一方、「音波や光波のような波長は固体ではない」ことも習いました。粒子は粒子、波長は波長として、完全に区別されていたのです。

しかし、のちに粒子は固体であると同時に、波長でもあることを、物理学者は発見しました。

たとえば、基本粒子のひとつである電子について「どの位置にあるのか？」「どのくらいの運動量（速度）なのか？」というふたつの質問をするとします。しかし物理学では、この質問の片方にしか答えることができません。ある瞬間に電子がどの位置にあり、どのくらいの運動量があるかは、同時には測定できないのです。

位置を確定した場合には、電子は固体である粒子になります。運動量を確定した場合には、電子は波長になります。

すなわち、電子を語るには、粒子か波長かのどちらかの状態を選ばなくてはいけないのです。結局のところ、位置か運動量のどちらかを観察し、測定するまで、電子は粒子でもあり波長でもあるということです。観察されたあと、唯一の状態（粒子あるいは波長）になるのです。「ハイゼンベルクの不確定性原理」として知られることの考えは、現代物理学を築きあげる重要な要素のひとつになっています。

わたしたちの日常の基準から考えれば、あるものが同時にふたつの状態を兼ね備えることなど、とうてい信じられないでしょう。

物理学者のシュレディンガーによる有名な思考実験は、量子物理学で実際に起こる、ある種の奇妙な出来事を指摘しています。

箱のなかに、電子とエサが入ったふたつきのお椀《わん》が置いてあります。お椀には仕掛けつきのレバーがあり、電子が粒子になるとふたが開き、波長になるとふたが閉じたままになっています。この箱のなかに猫を入れます。もし電子が粒子になれば、お椀のふたが開き、猫はエサを食べておなかいっぱいになります。電子が波長になれば、猫はずっとおなかをすかせたままになるのです。

しかし、箱を開けてみるまでは、猫は満腹・空腹のどちらでもあります。どちらの状態になるかは箱を開けてなかを観察したとき、初めて決定されます。

「観察しなければ、可能性は可能性のままなのです」

何か奇妙な話のように聞こえますが、最近、量子物理学者は観察されていない電気を帯びたベリリウム原子が、同時にふたつの別々の場所に存在することを実験で示し、この現象を証明してみせたのです！

すべては同時に発生している

「出来事が、ふたつの別々の場所に存在しているように見えるのは、錯覚かもしれない」と聞かされたなら、もっと度肝を抜かれてしまうでしょう。しかし、ふたつの異なる場所で起こる関連した出来事は、実際にはたったひとつの出来事かもしれないのです。

水槽を泳いでいる一匹の魚を頭に思い描いてください。この魚の動きを二台のビデオカメラで記録します。二台のカメラは互いに直角になるように配置され、別室のふたつのスクリーンにそれぞれの映像が映されます。何も知らずに別室でふたつのスクリーンを眺め、一匹の魚がある方向に動くと、もう一匹の魚のほうもそれに連動して泳ぐのを見た人は、驚いてしまうでしょう。いろいろな角度に多数のカメラを設置し、その魚の映像をそれぞれ違うスクリーンに映したなら、たくさんの魚がいっせいに連動しながら泳いでいるのだと思ってしまうはずです。しかし舞台裏を覗けば、魚はたった一匹しかいないことがわかります。

神秘的伝統を受け継いだすぐれた予言者たちは、人が日々経験しているのは、出来事や事物が時間と空間のなかで別々にしか「見えない」、投影された現実だと指摘しています。もっと深い現実のレベルでは、人間はすべて同じ身体の一部であり、その身体のどの一部にでも変化が起これば、ほかのすべての部分に即座に影響が及ぶというのです。

科学者は、ミンコフスキーの八次元超空間と呼ぶ存在レベルも提示しています。この数学的に構想された次元のなかでは、どれだけ時間や空間が離れているように見えても、ふたつの出来事の間の距離はつねにゼロです。ここにおいても、わたしたち全員が分かちがたく結びつけられているひとつの存在の次元が示唆されています。離れて見えるのは錯覚にすぎないのかもしれません。

ニールス・ボーアをはじめとする物理学者は、電子を粒子か波長か、どちらかの実体に変えられるのは人間の意識だけだと確信しています。意識がなければ、すべてのものは漠然とした、潜在的エネルギーの束、純粋な可能性としてしか存在していないのです。

この事実は、本書にとっても非常に重要な鍵《かぎ》です。この点をしっかり押さえてもらうために、もう一度説明しておきましょう。観察者として振る舞おうとする人間の意識がなければ、すべてのものは純粋な可能性としてしか存在することはできません。この純粋な可能性が仮想領域、すなわち第三の存在レベルなのです。この「すべて」である領域では、何ものも消滅することはありません。終わりがなく、すべてのものを包み込んでいます。この場の潜在性をきちんと利用することで、わたしたちに奇跡が起こるのです。

奇跡という言葉はけっして大げさなものではありません。この潜在的レベルで起こりうる驚くべき可能性について、物理学者は詳しく説明しています。

量子物理学が示唆する可能性に興味を示しつつも疑問を抱いていたアルバート・アインシュタインは次のような思考実験を考え出しました。

ふたつの同じ電子を作り、反対方向に発射します。このとき、電子Aについては位置を、電子Bについては運動量を調べたら、どうなるでしょう？　AとBのふたつはまったく同一の電子であることを忘れないでください。定義上、片方の測定は、もう一方の電子にも同じように当てはまります。Aの位置を知ることは同時にBの位置も伝えることになり、Bの運動量はAの運動量となります。

Aの観察がBにも影響を及ぼすとするなら、エネルギーの交換もなく、光の速度よりも素早く、結合や意思疎通がなされたことになります。この思考実験は世の中に存在するあらゆる世界観とは対立しているので、アインシュタイン・ポドルスキーの逆説として知られています。しかし、のちの実験結果で、この量子物理学の法則は依然として有効で、「すべて」である領域での意思伝達と結合が現実に存在することが証明されています。

この事実がいかに重要かを理解してもらうために、多少誇張した思考実験で説明してみましょう。

ある会社が同時にふたつの包みを郵送しました。ひとつはカリフォルニアにいるわたしの住所に、もうひとつはあなたの住所に送られます。それぞれの箱には、まだ観察されていないもの（純粋な可能性）が入っています。あなたとわたしはまったく同じ時刻に、包みを受け取ります。ひもを切って、ふたを開ける直前、箱に入っていてほしい品物を心に思い描きます。箱を開けた瞬間、なかには思いどおりバイオリンが入っていました！　期待している品を想像した瞬間、電子が具体的な形をとって現れたのです。わたしの想像したすべてのことは、あなたの包みのなかの電子にも影響を及ぼし、なかにバイオリンが入っていることになるのです。わたしがカリフォルニアで想像したすべてのことが、同じ瞬間にあなたにも発生するのです。一連の電子の形に影響を及ぼすばかりでなく、わたしの家とあなたの家の距離を越え、光の速度よりも速く、同じ形を伝えることができるのです。

「すべて」である領域では、このような意思疎通や相互関連が実際に起こっています。

意識が細胞を動かす

私が創設した代替医療施設、チョプラ・センターの同僚で友人である研究者クリーヴ・バクスターが、おもしろい実験を行いました。一九七二年、彼が人間の細胞を研究していたときのことです。研究の一環として、クリーヴは人間の精子を取り出して試験管に入れ、電極につなぎ、脳波計で精子の電磁作用を測定しました。精子の提供者には実験室から十メートルほど離れた部屋で、カプセルを押しつぶし、硝酸アミルのガスを吸ってもらうことにしました。すると吸った瞬間、三部屋も離れた場所にある実験用の精子の電磁活動が急に激しくなったのです。

クリーヴが白血球を研究するため、血液から白血球を分離していたときにも、興味深い出来事が発生しました。彼は自分の唾液《だえき》を遠心分離機にかけ、大量の濃縮した白血球を採取しました。小さな試験管に白血球を入れ、脳波計につながっているワイヤーの電極に差し込んだとき、クリーヴは、自分の手の甲に小さな傷をつけたら、白血球に影響が出てこないか確かめてみようとふと、思ったのです。そこで近くの棚から滅菌したメスを探し、戻ってきた瞬間、白血球の電磁活動を記録している図表がちらりと目に入りました。すると、メスを探している間に、白血球に激しい活動があったことが記録されていました。実際に傷をつけなくても、白血球は手に傷をつけようという彼の「意思」に反応していたのです！

それだけではありません。クリーブはあるとき、自分の白血球の細胞を記録している同僚が雑誌で目にするものと、彼の細胞の活動との関係を確かめようと思い立ちました。そこで、一台のビデオカメラは同僚を、もう一台は記録中の図表が映せる場所に設置しました。二台のビデオカメラの映像は、スクリーンを分割して同時に並べて映し出されるようにしました。

同僚は『プレイボーイ』誌をぱらぱらめくっているとき、たまたまヌード写真が載ったページに目を留めました。バクスターによると、同僚が「それほど美人だとは思わない」と大きな声で言い張っていたときでも、試験管のなかの白血球は激しい反応を示し、ついにはグラフの針が振り切れてしまい、記録機の上で止まってテしまいました。雑誌を閉じた瞬間、電極につながれた彼の細胞の反応もピタリと収まったのです。その一分後、同僚が手を伸ばして再び雑誌を開こうとしたとき、細胞は再び激しく反応しはじめました。

クリーヴ・バクスターは、植物やバクテリアも含めたあらゆる生物の細胞に意思を伝達する能力があることを証明するために、このような実験を数多く行ってきました。生きている細胞のすべてには意識があり、たとえ距離が離れていたとしても、同じ種やほかの種の細胞に意思を伝達することができるのです。この意思伝達は瞬時に伝わっていきます。

この実験をさらに発展させたコミュニケーションの研究が、一九八七年に公表された有名なグリンバーグとジルバーバウムの実験です。彼らはふたりの人間が同時に黙想しているときの脳波を測定し、何組かの脳波の型に強い相関関係が存在していることを証明しました。脳波は親密さや心の結びつきを示していたのです。黙想中、ペアは互いに「相手とじかに意思を疎通させている」と感じた瞬間を確認していましたが、その瞬間は脳波計によっても記録されていたのです。

続いて彼らは、このような強い絆《きずな》をもつペアに、二十分間、並んで黙想するよう依頼しました。その後、片方を別の部屋につれていき、別々の部屋にいる被験者たちに、自分の意思を相手に伝えてみてほしいと頼みました。そのとき、被験者Aに強い光を当てると、誘発電位と呼ばれる脳波の小さな上昇が起きました。ペアのふたりの脳波はずっと測定されていたので、グリンバーグらは明かりを浴びたAの脳波が誘発電位によって少し上昇するのを確認しました。

この実験が非常に興味深いのは、光を照射されなかった被験者Bの脳波も、Aの誘発電位に応じ、少し上昇していたことです。このふたりは心の深い層でつながれ、その結びつきが光の刺激を受けなかったほうにも、測定可能な物理的反応を引き起こしました。ひとりの人間に発生した出来事が、瞬時にもうひとりの人間にも発見されたのです。

この一連の実験結果は、仮想領域で発生する、すべてのものを結びつけ、組織化し、同調させていく「すべて（非局所的）」である相関関係によるものだという以外に、説明のしようがありません。

「すべて」である無限の知性と意識の場は、いたるところに存在し、いたるところに現れてきます。あらゆるものの構成単位である電子のレベルで「すべて」である知性が作用し、離れているふたりの人間を結びつけてくれるのを見てきましたが、実験室に出かけなくても、この現象を目にすることができます。

わたしたちの周囲のいたるところに、「すべて」である知性が存在します。動物、自然、そしてあなた自身の身体でも、確かめることができるのです。

2 自然のなかのシンクロニシティ

わたしたちは、多くのシンクロニシティを自然のなかで眺めています。ただ、ごく当たり前のように思っているので、気づかずにいるのです。しかし、新たな目で奇跡のような出来事に目を向ければ、シンクロニシティとはいったいどういうものなのかがわかるでしょう。

たとえばある夏の日、空を見上げ、鳥の群れが飛んでいくのを眺めてください。魚の群れと同様、方向転換をする瞬間は編隊を組んで飛行しているように、すべての鳥が瞬時に、同じ動きをしています。何百羽もいる群れもありますが、はっきりした指導者がいなくても一糸乱れず行動しています。すべての鳥が一瞬にして方向転換し、同時に進路を変えていくのです。群れのなかの鳥同士が衝突する場面など絶対にありません。まるで声のない命令が全員に出されているかのようです。上昇し、方向転換し、地上に舞い降りていく群れは、まるでひとつの生き物のようです。どうすればこのような奇跡が可能になるのでしょう?

長年、物理学者は鳥の群れの動きを誘導しているメカニズムを突き止めようと努力してきましたが、いまだに見つけ出せずにいます。複雑で一糸乱れぬ鳥の行動の謎《なぞ》に、自然科学はずっと立ち往生させられているのです。エンジニアは鳥の動きを研究して、交通渋滞を解消する原理を発見できないかと考えてきました。鳥の感覚機構を道路や車の設計に応用すれば、ほかの車の動きをつねに事前に察知できるので、自動車事故はなくなるはずです。

しかし、このプロジェクトが成功する可能性は今後もゼロのままでしょう。なぜなら、鳥や魚の群れに見られる瞬間的な意思疎通を人為的に機械で再現するのは不可能だからです。仮想領域のなかでものごとを組織化する力、すなわち「すべて」

である知性が、この現象をつくり出しています。その結果、シンクロニシティが生まれてくるのです。この現象が発生した瞬間、全体が環境にすっかり溶け込み、お互いが完璧《かんぺき》に調和します。それは宇宙のリズムに合わせたダンスと言っていいでしょう。

犬がシンクロニシティを実証する

鳥や魚は自然のなかのシンクロニシティのわかりやすい例ですが、地球に生息する生き物にはすべて、同じような瞬時のコミュニケーションが存在しています。昆虫や動物の群れが恐怖に対して示す反応は、ふつうのコミュニケーションでは説明不可能なほど素早いことを証明した詳細な研究もあります。科学者のルパート・シェルドレイクは、犬と人間の間の瞬時のコミュニケーションをテーマとする興味深い研究を実施してきました。

主人と非常に親密な関係にある犬は、飼い主の帰宅時間がわかるという例をシェルドレイクは挙げています。飼い主が戻ってくる十分から二時間前に、帰りを予想していたかのように犬は正面玄関に座り、主人を待っているのです。単なる習慣にすぎないとか、毎日決まった時間に戻ってくるからとか、犬が数マイル先の車の音を聞きつけるからだとか、飼い主のにおいがわかるからだと言う人もいるでしょう。しかし、いつもと違う時間に帰宅したり、違う車に乗っていたり、歩いて帰ってきたり、飼い主のにおいが家に届くはずのない逆風だったりした場合でも、犬はきちんと待っていてくれるのです。すべての犬ではありませんが、この現象ははっきりと見てとることができます。

さらに驚かされるのは、飼い主の意思をキャッチする能力が犬にあることをシェルドレイクが証明したことです。飼い主が二週間の休暇でパリに出かけ、犬がロンドンの自宅で留守番をしていたとしましょう。突然予定を変更して、飼い主が一週間早く帰宅することに決めると、犬も予定の一週間前に主人の意思に気づいた兆候を示すのです。「家に戻る時間だ」と主人が考えた瞬間、犬はどこで眠っていても必ず起き上がり、尻尾《しっぽ》を振りながら正面玄関に座って、飼い主の帰りを待つのです。

このような観察が、飼い主のひいき目にすぎないのかどうか確かめるための実験があります。ビデオカメラを家のなかで犬がいそうな場所（寝床、正面玄関、台所）に設置します。飼い主は、どこに行くのか、いつ家に戻るのか決めずに車に乗り、研究者が行き先と帰宅時間を決め、飼い主が車に乗った直後に指示します。そして飼い主が家に戻る時間、犬がどのような反応を示すかをビデオテープで記録します。飼い主は言葉でも態度でも、犬に帰りの予定を伝えられません。この実験では、飼い主が家に向かった瞬間、場所、時刻、家までの距離に関係なく、犬はほとんど例外なく、飼い主に告げられた家に戻る時間に正面玄関に座って、主人の帰りを待っていたのです。

犬との間にこのような強い絆《きずな》を築き上げた飼い主がいることは疑いのない事実です。互いに結びつけられているから、シンクロニシティが発生するのです。

シンクロニシティの例は、人間界よりもむしろ動物の世界に数多く見られます。動物のほうが人間より事物の本質に触れているからです。家賃の支払い、買うべき車など、日常の無数の「やるべきこと」や心配や混乱のせいで、人はものごとの本質とのつながりを絶たれています。自分はほかの人間とは違うという「わたし」の意識、すなわちエゴがふくらんでいくと、このような結びつきはますます見えづらくなっていきます。

一方、素晴らしいシンクロニシティを体験している人がいるのも事実です。相手が感じたり、考えたりすることが、即座にわかってしまう一卵性双生児の話を耳にしたことはないでしょうか？　この現象は双子のみならず、強い絆を築きあげた人間同士にも見られます。

わたしがある青年を診察していたときのことです。患者は突然、腹部に刺すような痛みを感じると言い、床をころげまわりました。どうしたのか尋ねると、彼は「誰かに『このへん』を刺されたような気がしたのです」と答えました。あとでわかったことですが、おなかを押さえた瞬間、彼の母親がフィラデルフィアで強盗に襲われ、腹部を刺されていました。彼と母親との間には非常に深い絆があり、彼の人生のなかで母親との関係がもっとも大切なものでした。この親子の波長はぴったりと合っていたので、ある段階で、ふたりの生理は一体化したのです。ふたりは同調した（entrained）と言えるでしょう。

同調（entrainment）とは相関関係やシンクロニゼーション（共時性／同期化）を言い換えた言葉にすぎません。しかし、科学者はほかの実体や力に「巻き込まれた」状況を説明するために、この言葉をよく用います。たとえば分子は液体の流れに「同調」し、その流れに「巻き込まれ」ながら動いています。人間、動物、事物の間に何らかの親密な関係が築きあげられ、同調した場合にしかシンクロニシティは発生しないことを、しっかりと覚えておいてください。

母子間にすこぶる緊密な関係が存在するアフリカの種族の現地調査も、報告されています。この地での母子関係は子供が生まれる前から始まります。妊娠がわかった瞬間、母親は子供に名前をつけ、その子のテーマソングを作ります。まだおなかにいる間から、ずっとこの歌は歌われ、お産の最中は、近所の人が全員でこの歌を歌います。出産後も、誕生日、子供の成長の祝い、成人式、婚約や結婚式など、人生の重要な節目には、村人が必ずこの子のテーマソングを歌うことでしょう。歌が母親と子供の最初の絆を支えています。葬式のときにもこの歌が歌われ、死後もこの絆が消えることはありません。

これは子供が母親や種族に同調するための手段です。こうして非常に緊密な母子関係が築かれると、母親が畑に出ているすきに子供がやぶに入ってしまったり、何らかのトラブルに見舞われたなら、わたしの患者と同様、母親も瞬時に身体に異変を感じるでしょう。

前章のグリンバーグの実験では、別々の部屋で黙想したふたりは実験の前に知りあい、互いに好意を寄せていましたが、黙想それ自体でも同調していました。瞬時のコミュニケーションを可能にするためには、日ごろの付き合いや、夫婦、肉親というつながり以外にも、深い結びつきが不可欠だということです。こう言うと、並大抵の努力では築けない関係のように思えますが、実際には、誰もが「すべて」である知性とつながっているのです。身体を維持できるのも、この「すべて」である領域と連絡をとっているからにほかなりません。

肉体のような、現実の実体のあるものが、なぜこのような仮想領域のコミュニケーションに頼ったりするのか——そんな疑問が生じてくるかもしれません。

人体は百兆もの細胞からできています。その数は銀河系全体の輝く星に一千個ずつ細胞が存在する計算になります。しかし、受精した卵子がわずか五十回分裂を繰り返すだけで、百兆もの細胞ができあがるのです。最初の分裂で細胞はふたつに分かれ、二度目には四個になります。三度目には十六個になり、その後、数を急激に増やしていきます。五十回の分裂で体内に百兆の細胞ができあがったところで、この作業は完了します。

あなたの体内のすべての細胞は、たったひとつの細胞から生まれてきました。ひとつの細胞が何度も分裂を繰り返していくうち、細胞に違いが現れてきます。人間の身体には、球状のシンプルな脂肪細胞から、薄く枝分かれした神経細胞まで、二百五十種類もの細胞が存在しています。ひとつの細胞がどのようにして多種多様な細胞へと分かれていくのか、科学者はまだその謎を解明していません。その後、細胞は胃、脳、皮膚、歯など、特殊な機能を果たす身体の部分に組織化されていきます。

一つひとつの細胞は、体内で専門的な役割を果たしているだけでなく、身体の機能を維持するために一秒間に数百万という作業を同時に行っています。ほんの一例を挙げるだけでも、たんぱく質を作り、膜組織の浸透性を調整し、栄養素を処理しているのです。この役割を果たすためには、それぞれの細胞が、ほかのすべての細胞が果たす役割を知っておかなくてはなりません。そうでなければ、肉体は分解してしまうでしょう。「すべて」であるという相関関係を利用し、細胞一つひとつが同調していなければ、人体は機能しないのです。

一秒間に百万の作業をしている百兆もの細胞は、生活し、息をしている人間を支えていくために、自らの活動をどのように調節しているのでしょう？　どうすれば、人間の肉体は思考を生み出し、毒素を排泄《はいせつ》し、赤ちゃんに微笑《ほほえ》み、そして赤ちゃんをつくるといった離れ業を同時になしとげられるのでしょう？

つま先を小刻みに動かすためには、まず「この部分を動かしたい」という意思を抱きます。その意思が脳の皮質を活動させ、次に脊髄《せきずい》を通して足に神経衝動が伝えられ、つま先が動くのです。これは奇跡と言えないでしょうか？

また、「つま先を動かそう」という意思はいったいどこから生まれてくるのか、考えてみましょう。つま先を動かそうと考えた瞬間、脳内に制御された電磁気の嵐《あらし》が発生し、神経に転送され、ある化学物質が放出されて、つま先は動きを開始します。しかし、考えを抱く前には、動力となるエネルギーはどこにも存在していません。この一連の動きはきわめて直線的、機械的で、局所的な現象です。しかし、最初だけは例外です。すべては意思から始まりますが、意思はどうやって電気をつくり出すのでしょう?

科学者は、活動電位（細胞組織の興奮時に起こる一過性の電位変化）、神経伝達物質、筋肉の収縮など、人体の仕組みについては理解しています。しかし、意思がどこで発生しているのか突き止めた科学者はひとりもいません。目で見ることはできなくても、意思が存在しなければわたしたちの身体は麻痺《まひ》してしまうでしょう。あなたの意識は情報やエネルギーになります。しかし、それはどこで生まれるのでしょう?

意思もまた「すべて」である仮想領域で生まれる、というのがわたしの答えです。

身体のなかのシンクロニシティ

人の身体ではシンクロニシティがつねに起こっています。体内のほんのわずかな変化にさえ、全身が反応していきます。たとえば、一日中、何も食べないと血糖値が下がりはじめます。すると即座に値を回復できるよう、全身にシンクロニシティが発生するのです。

すい臓からはグリコーゲンと呼ばれるホルモンが分泌され、肝臓に蓄えられていた糖分をグルコースに転換し、身体のエネルギー源にします。これに加え、脂肪細胞は脂肪酸とグルコースを血液の流れに放出し、神経組織は骨格筋を刺激してグルコースの貯蔵を停止します。この作業がいっせいに開始されるのです。インシュリンの量は減少し、心拍数が高くなり、エネルギーが素早く体内に回るようになります。血糖を正常値に戻すため、体内では約百万の出来事が同時に発生しているのです。これは体中でいっせいに発動する機能のほんの一例にすぎません。このすべての活動が、従来の物理学では説明できない、光の速さより素早く伝達されるコミュニケーションがなければありえない出来事なのです。

この瞬時のコミュニケーションは、心臓の電気的活動が引き起こす共振によって開始されることが明らかになりました。心臓にはペースメーカーの機能が備わっていて、平均一分間におよそ七十二回の鼓動を維持しています。このペースメーカーは、数秒ごとに電気インパルスを発信し、それが心臓を機械的に収縮させています。電流が存在するところには電磁場が発生しますので、心臓が鼓動するたびに、全身に電磁エネルギーが送られていきます。心臓は電磁場をもつ人体で最高の発信機なのです。心臓は共振の場をつくり出し、体内に存在する一つひとつの細胞をほかのすべての細胞と同調させています。そのエネルギーは体内ばかりでなく、体外にも放出されています。しかも、ほかの人間もこの信号を受信したことが科学的に記録できるのです！

電磁場が全身に広まり、細胞が同じ共振の場に置かれたとき、すべての細胞が同じ音楽に合わせてダンスを始めます。独創的な考えを抱いたり、安らかな気分でいたり、愛を感じているとき、電磁場はきわめて安定した状態にあります。どの細胞もほかの細胞がどのような活動をしているのか理解しています。胃の細胞が塩酸を作り、免疫細胞が抗体を作り、すい臓の細胞がインシュリンを製造し、それぞれが効率的に自分の仕事をしていますが、すべての細胞は同じ目標に向かって働いているのです。

健康な身体では、このシンクロニシティが寸分の狂いもなく調整されていますが、病気になると、リズムのひとつに乱れが生じてきます。その最大の原因がストレスです。敵意や不安などのストレスが体内の「すべて」である結びつきを破壊すると、身体のバランスは崩れてしまいます。あなたが病気に悩んでいたり、心が不安定な状況にあると、身体のいくつかの部分が圧迫され、「すべて」である知性の場とのつながりが絶たれてしまうのです。

心臓の電磁場を乱す感情はたくさんありますが、その最大のものは怒りと敵意です。体内のシンクロニシティが崩れてしまうと、身体の各部分は自分勝手に振る舞いはじめます。免疫システムが狂い、癌《がん》や感染症にかかりやすくなり、老化も進んでしまいます。怒りや敵意の影響力はすさまじく、犬はすぐにこのマイナスの感情を察知し、敵意を抱いている人間を見ると吠《ほ》えたり、獰猛《どうもう》になるのです。「すべて」である知性との結びつきは、体内に限った話ではありません。身体と同様、宇宙もバランスのとれた状態を保っています。

太陽の周囲を回っているとき、地球には季節のリズムが生まれます。春になると、渡り鳥が空を移動し、魚が産卵場所を探し、花が咲き、樹木が芽を出し、果物が熟し、卵がかえります。自然のなかに、地軸のほんのわずかな傾きという変化が起きることで、この一連の出来事がいっせいに開始されるのです。自然のなかのあらゆるものが、まるでひとつの生き物のように振る舞っています。人間も季節ごとに変化を感じています。冬になると人はうつ状態に陥りやすくなり、春になると恋に落ちる人が多くなります。生化学的にも、身体の変化は地球の活動と一致しています。自然のすべてが交響曲を奏で、人間もその演奏に加わっているのです。

地軸を中心に地球が回転しているとき、概日リズム（一日のリズム）が生まれてきます。夜行性の動物は夜中に目を覚まし、昼間は眠っています。鳥は鳥時間として知られている時間に食事を探しまわります。人間の身体も概日リズムに同調しています。

わたしの身体は住まいがあるカリフォルニアのリズムになじんでいて、特別な努力なしに身体は日の出を予測し、毎日同じ時刻に自然に目が覚めます。夜になると緊張がほぐれて、眠る準備が整います。睡眠中も身体は相変わらず活発に活動し、さまざまな睡眠段階に導き、脳波を変えて身体機能を調節しています。ホルモンは相変わらず身体のさまざまな機能をコントロールし調整していますが、目を覚ましている時間とは生産量も分泌量も違ってきます。全身が夜の時間のサイクルに入っても、昼と同じように細胞の一つひとつが何百万もの活動を繰り広げているのです。

人間は太陽の概日リズムだけでなく、月の満ち欠けによる月リズムの影響も受けており、月の動きもやはり、人間に影響していきます。女性の二十八日間の生理周期は月の影響ですし、もっと微妙な月のリズムで人間の気分や生産性も変わっていきます。

太陽や月の重力は海の干満を引き起こすばかりでなく、人間の身体にも影響を及ぼしています。はるか昔は、人間も海の住民であり、祖先が岸にはいあがったときも、相変わらず海の影響を引きずっていました。だから、体内の八十パーセントはかつての棲処《すみか》だった海と同じ化学成分でできていますし、相変わらず潮の干満の影響を受けているのです。

概日、月、季節など、すべてのリズムは同調しています。リズムの内部にリズムがあり、さらにそのなかに微妙なリズムが刻まれているのです。

人間もまた、宇宙のリズムの一部であり、そのリズムに合わせて鼓動しています。「すべて」である知性は、わたしたちの内面にも、わたしたちを取り巻くあらゆるもののなかにも存在しています。それはスピリット（霊）であり、あらゆるものを創造する潜在性であり、生きていくための土台です。そこには次元も、量も、エネルギーも、質量も、空間も、時間も存在していません。「すべて」である領域では、あらゆるものが一体であり、離れているものは何ひとつありません。もっと深いレベルで言えば、あなた自身が「すべて」である知性なのです。あなたは神経組織を通して自らを観察している宇宙的な存在です。プリズムがひとつの光線をさまざまな色に分けるのと同様に、「すべて」である知性は自らを観察することで、本来ひとつである現実を、多数の姿に分けているのです。つまりあらゆる体験は、唯一の統一された潜在性から分かれて発生してくるものなのです。

宇宙を、ひとつの大きな有機体だと考えてください。宇宙が広大に見えるのは、知覚に映された現実だからです。そこは何千人もの人間が集まった大きなフットボールのスタジアムのように思えるかもしれません。しかし、目の前のことを「フットボールの試合」と解釈しているのは、実はあなたの脳のなかで発生する小さな電気のインパルスなのです。古代ヴェーダ哲学の文献『ヨーガ・ヴァシシュタ』にはこう記されています。

「世界は鏡に映された巨大な都市のようなものだ。同じように、宇宙は意識のなかに映された巨大なあなた自身の姿なのである」

宇宙とは、あらゆるものの魂なのです。

3 自然のなかに在る魂

広大な海にエゴ（自我）は存在しません。

遠くの月や人工衛星から眺めると、海は穏やかで、ほとんど動きのない、地球を包み込む壮大な青い帯のように見えます。しかし、海にどんどん近づいていくと、たえず動いていて、潮や波でうねっています。

わたしたちは海の形を、はっきり認識できる実体としてとらえています。それぞれの波がつくられると、波頭が立ち、やがて砕けて、岸に勢いよく打ち寄せます。しかし海から波を切り離すことはできません。バケツで波をすくい、家に持ち帰ることはできないのです。波の写真を撮影して、翌日、海に戻ったとしても、まったく同じ形の波を見ることは絶対にできません。

魂を理解するのに、海は素晴らしいたとえになります。海をあらゆるものを同調させる「すべて」である現実、無限の可能性の場、仮想領域としてイメージしてください。

無限の可能性に満ちた巨大な海が「すべて」なら、波は「ひとつ」です。しかもこの「すべて」と「ひとつ」は密接に結びついています。

一人ひとりの人間は、海のなかの波のような存在です。人間は海から生まれ、海が人間の核となる部分を形づくっています。一つひとつの波が別の形をしているように、人間も「すべて」である現実のなかで、異なる姿をしています。

魂が「すべて」である仮想領域から生まれてくると定義すれば、宇宙のなかで人間が置かれている状況はとてもはっきりしてくるでしょう。人間は「ひとつ」の部分でもあり、「すべて」でもある存在なのです。すなわち、ありとあらゆるものが含まれている「すべて」のなかから、表面に現れてきた個々のパターンが人間なのです。

魂にはふたつの部分があると考えられます。そのひとつは巨大な「すべて」である魂で、スピリチュアルな仮想レベルに存在しています。この魂は力強く純粋で、あらゆることを可能にしてくれます。一方、魂の個人的で「ひとつ」である部分は第1章で説明した量子レベルに存在し、日常生活にも影響を及ぼし、「自分の本質」を支えています。「すべて」である魂と同様に、一つひとつの魂にも純粋で無限の可能性が秘められています。「自己」について考えているとき、わたしたちは個人の魂について考えています。それは永遠の魂の一部が表面に現れてきたものなのです。

魂のレベルで生きられるようになれば、あなた自身のもっともすぐれた光り輝く部分が、宇宙に存在するあらゆるリズムと結びつき、奇跡を起こせるようになります。恐れ、うらやみ、憎しみ、不安、ためらいといった気持ちも消えていくでしょう。魂のレベルで生きるということは、人間を物質的な世界の出来事や結果に結びつけているエゴや精神の限界を超えて、もっと深いところへ静かに潜っていくことです。

広大な海のなかには、激しく自己主張する個人的な「わたし」は存在していません。波や潮の干満は存在していても、結局、そのすべては海です。わたしたち全員が、人間の姿を借りた「すべて」であるものの「ひとつ」のパターンなのです。誰もがみな、スピリットなのです。

しかし、わたしたちは、一人ひとりの人間はまったく独立した存在だと思っていないでしょうか？　人は、「自分の肉体は現実のもので、自分が個人的、個性的な存在だ」と思って安心しています。人間は学習し、恋愛し、子供を生み、仕事に励んでいます。どうして内面で激しい波を立てている巨大な海を感じることができないのでしょう？　人生に大きな限界を感じてしまうのはなぜなのでしょう？

たとえば、毛で覆われた四足の動物があなたの観察対象だとします。次に、あなたは目でその対象を視覚的映像としてキャッチし、脳に信号を送り、それが「犬」だと判断します。しかし、実際に犬を観察しているのは誰なのでしょう？　あなたの意識を内面に向けてみると、そこに誰かいることに気づきます。その存在こそ、内面に突然現れる、巨大な「すべて」である知性、つまり魂なのです。精神は対象を理解する過程に関係していますが、実際に理解しているのはこの「すべて」である魂です。この存在、この認識、この知識、この魂は、永遠に変化しません。激しく移り変わっていく物理的な世界のなかで、魂は不動の評価基準なのです。

ところが個々の魂は、それぞれ違った場所や異なる経験からものごとを眺めているので、同じ対象を目にしても、まったく同じような観察はできません。観察に違いが生まれてくるのは、対象物に対する解釈が異なっているからです。同じ犬を観察していても、あなたとわたしでは違った考えを抱くでしょう。わたしは犬を怖がってしまいますが、同じ犬を見て、あなたはかわいいと思うかもしれません。わたしたちの心は異なる観察をしているのです。わたしは犬を見た瞬間に逃げ出しますが、あなたは口笛を吹いて、いっしょに遊んだりします。

犬だと解釈するのは脳の領域ですが、経験をもとに人間の行動を規定しているのは個人の魂です。小さな記憶の種が、生涯、個人の魂に積みあげられ、人生における選択や解釈に影響します。このような経験に根づいた記憶や想像は、一般に「カルマ」と呼ばれています。カルマは、個人的な魂（人間の中心に存在する波）に蓄積され、人間に特徴を与え、良心を支配し、成長していくための鋳型をつくっています。しかし、行動のあり方を変えると、よかれあしかれこの個人の魂に影響が及び、カルマも変わっていきます。

一方、「すべて」である魂は普遍的であり、経験が行動に影響を及ぼすことはなく、純粋で、永遠不滅のスピリットと結ばれています。悟りとは、「自分が特殊で、局地的な視点から見たり、見られたり、観察したり、観察されたりしていても、無限の存在であることを認識する」というように定義できます。どんなことをしていようと、また人生がどれほど混乱に満ちていようと、「すべて」である魂は普遍的で、純粋な可能性をいくらでも与えてくれます。この魂のパワーを知り、活用すれば、運命の方向を変えることもできるのです。シンクロディスティニとは、個人的な魂と普遍的な魂を結びつけることで、人生を形づくっていくことなのです。

経験によって築きあげてきた記憶の種であるカルマは、ほんとうの自分を判断する手がかりを与えてくれます。しかし、個人的な魂の特質はカルマだけで形づくられるわけではありません。とりわけ、そこで重要な役割を演じるのが人間関係です。また、身体のことを考えた場合、人間はリサイクルされる分子の集まりだとわかります。身体の細胞は生まれては死滅し、生涯にわたって何度も細胞が入れ替わるからです。わたしたちはたえず自分自身をつくりかえているのです。細胞を再生するために、人間は食物をとり、生命を形づくる基本的な材料に変えていきます。地球は人間を新たに形づくるのに必要な栄養素を供給し、さらに身体から取り除かれた細胞を大地へと還《かえ》します。地球をリサイクルすることで、人間はたえず自分の身体を変化させていると言えるでしょう。

わたしとは「他人である」という真理

次に、人間の感情について考えてみましょう。感情もまさにリサイクルされるエネルギーにほかなりません。感情をつくっているのはわたしたちではありません。状況、環境、関係、出来事によって、感情は生まれては消えていくものです。

二〇〇一年九月十一日に発生した同時多発テロに、すべての人は恐怖心を抱き、長い間、この強烈な感情をぬぐい去れませんでした。感情がひとりでに生まれてくることは絶対にありません。そこには必ず環境的な要因や人間関係がからんでいます。だから怒ったとしても、その怒りは純粋にわたしたちのものではなく、しばらく自分に留《とど》まっているものにすぎません。

怒った群衆、葬式の会葬者、サッカーの勝利に酔いしれているファンなど、同じ感情を抱いている人々に取り囲まれたことはありませんか？　大勢の人間が同じ感情を同時に表しているときの影響力はすさまじく、その感情の渦に巻き込まれずにいるのは不可能に近いのです。このような状況において感じているのは、「あなたの」怒りでも、悲しみでも、喜びでもありません。感情はその瞬間、あなたが置かれている状況、環境、関係で決定されるのです。

では、思考についてはどうでしょう？　思考もやはりリサイクルされる情報なのです。わたしたちが抱く思考はみな、「すべて」である領域のデータベースに収められています。百年前、「デルタ航空でディズニーワールドに行く」と言う人はいませんでした。ディズニーワールドは存在していませんでしたし、デルタ航空はもちろん、ふつうの人が飛行機旅行をすることもなかったので、こんなことが思い浮かびはしなかったのです。とびきり独創的な思考以外は、すべてリサイクルされた情報にすぎません。もっとも独創的と思われる考えでさえ、実際には収集され、リサイクルされた情報の温床から飛び出した「一大飛躍」(quantum leap：原子核を回っている電子が、ある軌道から別の軌道に飛び移ること)と言えるでしょう。

「一大飛躍」(quantum leap)という言葉には非常に特殊な意味が含まれています。学校で、原子には陽子や中性子を含んだ核があり、電子は核からさまざまな距離で一定の軌道を描きながら回っており、軌道を変えることもあると習いました。プラスの電気を帯びた原子核に、マイナスの電気を帯びた電子のエネルギーが吸収され、軌道が低くなる可能性があるからです。

しかし、ほとんどの人に教えられていない事実があります。それは、電子が軌道を変える瞬間、空間を通過して新しい場所にたどり着くのではなく、軌道Aから軌道Bに瞬時に移動するということです。これが「一大飛躍」の意味です。電子の飛躍とは、中間領域を通り過ぎることなく、異なる環境に瞬時に状態を変えることなのです。このような電子の一大飛躍が発生する時間の予測ができないことに、科学者は気づきました。電子の飛躍を推測する数学的モデルをつくることはできても、正確に計算することは不可能なのです。

「電子が軌道を変えることが、わたしとどんな関係があるの?」と言う人もいるでしょう。しかし、世の中に存在するすべての電子が、予測不可能なものであると考えると、まったく新しい目で、この世界を見直す必要があります。ごく単純な出来事すら、予測はできないということなのですから……。沸騰したお湯の泡は、いつ、どこから沸いてくるでしょう? 火をつけたタバコからどんな形の煙が出てくるでしょう? 滝の頂上の水の分子の位置と滝つぼに落下したときの位置は、どのような関係なのでしょうか? ジェームズ・グリックが『カオス』(邦訳:新潮文庫)で説明しているように、標準的な物理学に関して言えば、神が滝の水の分子をすべて取りあげて、テーブルの下でかきまぜているというのが正しい答えかもしれません。

このような新しいカオスの科学では複雑な数学モデルを利用し、予測不可能なことをなんとか予測する努力をしてきました。テキサス州で飛んだ蝶《ちょう》の羽ばたきが、六日後に東京に台風をもたらすかもしれない――はっきり説明できなくても、この結びつきは存在しうるのです。蝶の羽ばたきで気圧に小さな変化が起こり、台風に発展する可能性は完全には否定できません。

スピリチュアルなレベルで考えれば、人生がどこへ向かっていくのか、人間にはまったく予測できないということです。小さな蝶の羽ばたきが、人生をどう変化させるのか知ることはできないのです。神の心を覗《のぞ》き見ることはできません。沸騰したお湯の泡といった単純なことさえ、やかんのどこから、いつ沸いてくるのか完全な予測はできないのです。わたしたちはこの不確実性に身をゆだねながら、そこに含まれる複雑な美をきちんと認識しなくてはなりません。

すべての創造力は「一大飛躍」や不確実性に根ざしています。ほんとうに新しい考えは、ある瞬間に、「すべて」であるデータベースから表面へと浮かび上がってきます。それは幸運な個人にではなく、集合的無意識のなかから現れてくるものなのです。まったく関係のない複数の人が、同時に重要な科学的発見をすることが多いのもそのためです。新しいアイデアはすでに集合的無意識のなかを駆けめぐっていて、受け入れる態勢を整えた人がそれを解読しているだけなのです。ほかの人がまだ気づかないうちに、新しい知識を理解できるのが天才の特徴と言えます。ある瞬間には斬新な考えや独創的なアイデアが存在していなくても、次の瞬間にはわたしたちの意識の世界に組み込まれています。このふたつの瞬間をつなぐのが、すべてのことが可能である仮想領域、普遍的でスピリチュアルな領域です。予測できるものが現れてくることもあれば、新しいものが現れてくることもありますが、この領域にはすでにあらゆる可能性が存在しているのです。

人間の身体がリサイクルされた地球であり、感情がリサイクルされたエネルギーであり、思考がリサイクルされた情報であるなら、あなたを「個人」にしているものは何でしょう?

実は、個性もわたしたちから生まれてくるものではなく、状況への一体化や人間関係を通してつくりあげられているのです。親友のことを考えてください。その友人をどのように説明しますか？　「子どもがふたりいるニューヨークの弁護士だよ。週末は奥さんとテニスをしている」というように、ほとんどの人は、人生で果たしている役割（配偶者、子供、両親、職場の同僚）や人生で置かれている状況（職業、居住地、趣味）を使って説明しています。個性と呼ばれているものは、関係や状況に基づいて築かれているのです。

身体、感情、思考、個性のいずれも、独自なものでも自分の力で形づくったものでもないとすれば、いったい自分とは誰なのか、と首をかしげてしまうかもしれません。すぐれた宗教的伝統によれば、「わたしとは他人である」というのが偉大な真理のひとつです。他者がいなければ、わたしたちは存在していないでしょう。あなたの魂はすべての魂を映し出している鏡なのです。今の自分を形成した人間関係の網の目を理解するために、あなたの家族や友人のすべて、出会った教師や同級生、入ったことのある店のすべての店員、いっしょに仕事をした人や、接触のあったすべての人のことを考えてください。次に、その全員から受けた影響を理解するためには、彼らがどんな人間か知る必要があります。そうすると、あなたの人間関係の網の目をつくりあげた人物全員の人間関係の網の目も、説明しなくてはなりません。結局、たったひとりの人間を説明するにも、宇宙全体を説明しなくてはならないことに気づくはずです。

実は、すべての人間が宇宙そのものなのです。あなたは特殊な、ひとつに集約された視点から見られている、無限の存在です。あなたの魂は普遍的でありながら個人的であり、その魂はほかのすべての魂を映し出しているのです。

魂は、あなた個人の経験を超越した意味や影響力をもっています。魂とはさまざまな人間関係のなかで、解釈したり、選択したりしている観察者です。人間関係は、人生の物語をつくるための背景、状況、性格、出来事を人々に提供しています。そして魂が人間関係から創《つく》り出され、あらゆる関係を反映しているのと同じように、人生における経験も文脈（関係）や意味から創り出されています。

ここで言う文脈とは、わたしたちを取り巻いている行動、言葉、出来事をはじめとする、意味を理解できるようにしてくれるあらゆるもののことを言います。たとえば、いきなりわたしが「bark」という単語を口に出したなら、あなたは犬が吠《ほ》えているのか、風がうなっているのかわからないでしょう。「文脈を無視して」言葉を話すと、意味が誤解されます。なぜなら、あらゆるものの意味は文脈で決まるからです。意味の流れは人生の流れと言っても過言ではありません。わたしたちの文脈は、人生で遭遇する出来事をどのように解釈するかで決まり、解釈の仕方がその人の経験になるのです。

最後に、魂をさらに明確に定義しておきましょう。

「魂はカルマに基づいて解釈し、選択する観察者である。魂はまた、人間関係の集合であり、この集合から生まれる文脈や意味が、人生をつくりあげている」

可能性のレベルのレモン

昨晩、何を食べたか思い出せますか？　味はどうでしたか？　そのとき周囲でどんな会話が聞こえてきましたか？　今、このような質問をする前、その情報はどこにありましたか？

たしかに夕食はとりました。しかし食事についての情報は、潜在的な情報としてしか存在していません。外科医があなたの脳を調べたとしても、夕食に関する情報の痕跡《こんせき》はまったく見つからないでしょう。記憶を思い起こすまで、その情報が存在していた場所が魂の領域なのです。夕食を意識的に思い出そうとした瞬間、電気的活動が起き、化学物質が放出され、脳が活動している合図が出てきます。しかし、思い出そうとする前、記憶は脳のなかにはありません。思い出そうとすることで初めて、仮想領域にあった記憶が、現実の記憶に転換されるのです。

想像についても同じことが言えます。表に現れるまで、思考は精神的・物質的な領域のいずれにも存在していません。しかし、想像することは頭や身体に相当の影響を及ぼしています。

かなりの成果を上げ、広く利用されているイメージ法を紹介しておきましょう。まずレモンを薄く切って大きなくさび形にし、かじったところを想像してください。歯を立てた瞬間、口のなかにレモンの果汁がほとばしります。この想像をしたとたんに、口のなかに唾液《だえき》がわいてきます。レモンをかじっていると思うと、身体が反応するのです。しかし、想像する前、そのレモンはどこにありましたか？　レモンは可能性のレベルにしか存在していません。

意思、想像、洞察、直感、霊感、意味、目的、創造性、理解はすべて、実は脳とは関係がないのです。脳を通して活動は調整されますが、意思や想像は時空間を超越した「すべて」である領域の特質なのです。しかし、意思や想像の影響は非常に強く実感できるものです。いったん、頭に入り込んだら、わたしたちは何かを実行しなくてはなりません。意思や想像にどのように取り組むかが、将来を決定する要因のひとつになるのです。それは人間に合理的精神が存在しているからで、わたしたちはこの精神を中心に物語をつくり出そうとしています。

「わたしは夫に愛されている」「子供は幸せだ」「仕事は楽しい」とあなたは考えているかもしれません。その考えに基づき、あなたは筋の通った物語を創作し、そこから意味をつくり出し、その物語を物質的世界で実現しようとします。これがいわゆる日常生活です。

わたしたちの物語は、カルマや経験から生まれてくる記憶を通して築かれる人間関係、文脈、意味からつくられています。この物語が実現した瞬間、人間は自分がことさら独創的な存在ではないことに気づくでしょう。

ここまで説明すれば、魂をもっと詳しく定義できるようになります。

「魂は意味、文脈、関係、神話の集合である。そしてこれらの集合が、わたしたちが参加する物語をつくりあげる、カルマによって条件づけられた、日常の思考、記憶、欲望を生み出すものである」

ほとんどの人が、人生の物語に知らぬ間に参加しています。わたしたちはセリフがひとつしかない俳優のように、物語の全体を理解せずに生きているのです。しかし、魂に触れた瞬間、ドラマの台本をすべて見て、全体を理解できるようになります。同じように演じていても、以前よりも楽しく、意識的に、全面的に物語に参加できるようになり、自分の知識に基づいて、自由な立場から選択できるようになるのです。自分の人生の意味を物語全体の文脈のなかで理解しているので、一瞬一瞬が、かけがえのない時間になります。

でもそれ以上に心を浮き立たせてくれる事実があります。

気に入らなければ、物語は書き換えることができるのです。

意思によって、偶然の一致から生まれるチャンスをつかむことができます。魂の呼びかけに素直に従うことで、自分の「役」を変えることもできるのです。

4 個人的な意思・宇宙的な意思

『アラビアンナイト』のお話を聞いた子供は、何でも望みを叶《かな》えてくれる妖精《ようせい》が出てくる魔法のランプに憧《あこが》れます。しかし、大人になると、この世にランプの妖精などいないことがわかり、あらゆる願望を心のなかに封印してしまいます。

しかし、あきらめていた願望が叶うとしたらどうでしょう？　あなたはどんなことを願いますか？　より深い、本質的なレベルで、あなたがほんとうに実現したいことは何ですか？　何をすれば、あなたの魂はこの世に生まれてきた使命を果たせるでしょう？

宇宙のなかで発生する出来事は、すべて意思から始まります。つま先を小刻みに動かす、妻に誕生プレゼントを買う、この本を書く、出発点はすべて意思にあります。意思は「すべて」である宇宙の心のなかで生まれ、個人の心を通して物理的な現実となるのです。

意思がなければ、この世には何ひとつ存在しなかったでしょう。意思を抱くことで、脳内には、一瞬のうちに相関関係が生まれます。

物理的な現実を認識し、知覚する瞬間には、脳のさまざまな部分の神経単位の発火パターンに、必ず「一定の位相や周波数」が現れてきます。脳の各神経単位が、約40ヘルツ（一秒間に40サイクル）の周波数に、いっせいに統一されるのです。

この現象は「バインディング」と呼ばれ、人間が対象を認識するために、なくてはならない作業なのです。バインディングがなければ、人間を人間として認識できません。家や樹木、写真の顔も、単なる黒と白の点、散らばった線、光と影の斑点《はんてん》にしか見えません。

あなたの眺めているものは、脳のなかで点滅する電磁信号にすぎなくなります。

世界は映像ではなく、点滅する電気インパルス、点、乱雑な電気発火のデジタル信号としてしか存在しません。

しかし意思を抱くことで、点や散らばった線、放電、光と闇《やみ》のパターンは組織化され、全体となり、主観的な経験として、この世の中の一枚の画像（形態《ゲシュタルト》）に変化していくのです。つまり意思を働かせることで脳の神経単位がいっせいに点と線といった材料を組織化し、脳内で音、肌触り、形、味覚、においなどの経験に変換していくのです。

もっとも深い願望が「あなた」である

世界はロールシャッハテストのしみのようなもので、わたしたちは意思によって組織化されるシンクロニシティを通し、このしみを有形物へと変換します。

意思は神経組織を通して調整されますが、神経組織から生まれてくるものではありません。認識や知覚以外に、学習、記憶、推論、断定、運動をする前にも、すべて意思が存在しているのです。意思はまさに創造の源と言えるでしょう。

インド最古の文献であり、バラモン教の聖典でもある『ヴェーダ』の奥義書『ウパニシャッド』にこんな言葉があります。

「もっとも深い願望があなたである。願望が存在すれば、意思が生まれる。意思が存在すれば、決意が生まれる。決意が存在すれば、行動が生まれる。そしてその行動が、あなたの運命を決定する」

人間の運命とは、もっとも深い願望や意思のレベルから形づくられていきます。願望と意思は密接な関連をもっているのです。

では、意思とはいったい何でしょう？　ほとんどの人は、自分が人生で成し遂げたいこと、自分自身が求めていることが意思だと思っています。しかし実際には、それだけのものではありません。物質、人間関係、悟り、愛情——どんなものであれ、意思とはあなたが抱いている願望を叶える手段であり、願望を満たすために役立つ考えを指すのです。願望を満たすことで、あなたはもちろん、幸せになれます。

こう見ていくと、人間の抱くすべての意思、願望の目標は、幸せになり、充実感を手に入れることなのです。

「あなたの願いは何ですか」と尋ねられたら、どう答えますか？

「もっとお金が欲しい」

「新しい仲間を増やしたい」

最初はこんなことを口にするかもしれません。次に、その理由を尋ねられたら、どうでしょうか。

「子供といっしょにいる時間を増やしたいから」

などと答えるかもしれません。さらに突っ込んで、なぜ子供と過ごす時間を増やしたいのかと質問されたらどうでしょう。

「幸せになれるから」

おそらくほとんどの人が、この答えに行き着くことでしょう。あらゆる願望が最終的に目指しているものは、スピリチュアルな領域での幸福、喜び、愛の実現なのです。

『ヴェーダ』によれば、「意思は自然の力」です。意思は宇宙を形づくる要素や力を維持し、宇宙がたえず進化していくための原動力になっています。

創造力の指揮を執るのも意思です。創造力は個人の領域ばかりでなく宇宙のなかにも生まれ、定期的に世界に飛躍的な進化をもたらしています。人が死ぬ瞬間、魂は創造力を一大飛躍させ、「今度は新たな心身に再生して、自己を表現しなくてはいけない」と言っています。意思は宇宙の魂からもたらされ、個人の魂に宿り、個人を通して表現されるのです。

人間はつねに願望を抱き、行動を起こしています。『ヴェーダ』の伝統や仏教では、この願望と行動の循環は、この世で生きる基礎である「輪廻《りんね》の輪」として知られています。そしてこの輪廻の輪がカルマの過程を通して姿を現したとき、「すべて」である「わたし」がそのひとつの部分である個人的な「わたし」と一体になるのです。

同じ意思を何度も抱いていると、習慣がつくられます。意思を繰り返しているうちに、宇宙の意思も同じパターンをつくり出し、その意思が物理的な世界で実現するのです。

第1章の物理学の話を思い出してください。観察されていない箱のなかにある電子は、粒子でもあり波長でもありますが、観察された瞬間初めて、二分の一の確率で明確な存在になり、どちらかひとつの状態に決定されます。これと同じように、ある意思を繰り返し抱いていれば、「すべて」である宇宙の心が、その一部であるあなたの意思を叶える方向へと動かし、物理的な現実として実現してくれるでしょう。簡単か複雑か、可能か不可能かといった考えは幻想にすぎません。

退屈な日常生活から逃れたいなら、不可能だと思えることを可能なものとして考え、それが実現した場面をありありと思い描けなくてはいけません。繰り返し考えなければ、「すべて」である心の意思を利用して、不可能を可能にすることはできないのです。

あなたの内面にも、わたしの内面にも、同じ「すべて」である心が宿っています。サイ、キリン、鳥、虫にも同じ「すべて」である心が存在しているのです。岩でさえその例外ではありません。このような純粋な意識としての「すべて」である心が、「わたしはディーパックである」と言うときのわたし、「わたしは鳥である」と言うときのわたし、自分がどんな人間か、自分をどう思っているか話すときの「わたしという意識」をつくっているのです。この普遍的な意識には「唯一のわたし」しか存在していません。しかし、その唯一の普遍的なわたしは区分され、無数の観察者や被観察者、見るものと見られるもの、有機的形態と非有機的形態など、物理的な世界を形成しているあらゆるものに変化していくのです。普遍的な意識は解釈をする前に特殊な意識に分かれていく性質があります。人でありキリンであり、虫である前には、たったひとつの「わたし」があるだけです。その「わたし」には無限の創造力があり、唯一の「わたし」を組織化して、あなたやわたし、そして宇宙に存在するあらゆるものに姿を変えているのです。これは魂が個人と宇宙のふたつの層から成り立っているというのと同じ考えです。

個人的な「わたし」と宇宙的な「わたし」

人間は、宇宙的な「わたし」（宇宙の魂）の存在に気づかず、個人的な自己を「わたし」だと考えてしまう習慣ができています。しかし、個人的な「わたし」という言葉は、宇宙の魂の内側に独自の視点を設けるための、便宜的な評価基準にすぎません。自分を個人的な「わたし」としてしか定義していないなら、従来の可能性の境界を飛び越えて創造することはできないのです。宇宙的な「わたし」のなかでは、すべてのことが可能になるばかりではありません。その可能性はすでに宇宙的な「わたし」のなかに準備されていて、意思さえ働かせれば、物理的な世界に実現できるのです。

個人的な心は一人ひとりの人間にとって「自分だけ」のものです。実は、エゴを支えているのもこの精神なのです。エゴとは習慣の奴隷として世の中を渡っている「わたし」です。個人的な心は、ほかのすべての人間から自分を隔てようとします。エゴは自分を支えていくためには、他人との間に厚く、人工的な壁を築きあげなくてはならないという気持ちに人々を駆り立てるからです。

人は、宇宙の一員であるという感情からわき起こる深い充実感や喜びを奪われそうになっても、この壁を取り払おうとしません。

	個人的な「わたし」	宇宙的な「わたし」
1	エゴ	スピリット
2	個人的精神	魂
3	個人的意識	普遍的意識
4	条件づけられた意識	純粋な意識
5	線的	共時的
6	空間、時間、偶然の範囲内で動く	空間、時間、偶然の範囲を超えて動く
7	時間に縛られ、制限される	時間に関係なく、無限
8	合理的	直感的／創造的
9	習慣的な思考、行動に条件づけられ、個人的・集合的経験によって形成されている	自由に、無制限に相互が関係していく。創造性は無限
10	区別する	統一する
11	内面の対話:「これがわたし、わたしのもの」	内面の対話:「すべてがわたしであり、すべてがわたしのものである」

12	恐れが支配する	愛が支配する
13	エネルギーを必要とする	エネルギーなしで営まれる
14	人から認められたい	批判や追従とは無縁
15	観察する「わたし」と観察される「わたし」を別のものとして解釈	観察者と被観察者は同じ「わたし」だと気づいている
16	原因と結果でものごとを考える	非因果的な相互関連や相互依存の関係を見る
17	算術的	非算術的
18	継続的	断続的
19	意識的	超意識的
20	感覚的経験は制限されているので、感覚が働いているときしか活発ではない	つねに活発であり、睡眠、夢、瞑想、眠気、トランス、祈りのような感覚が休息しているときでも自らを表現
21	随意的神経組織（個人の選択）を通して自らを表現	自律的な内分泌システム、そしてこれらのシステムの共時性を通して、自らを表現する（または特殊と普遍、ミクロコスモスとマクロコスモスの共時性を通して）

個人的な心は疲れきった重い足どりでとぼとぼ歩き、遊び心も創造力も無視して、ものごとを合理的に判断しようとしています。エゴは人から注目されたり、認めてもらわなくてはいけないといつも考えているため、恐怖や失望に陥ったり、悩まされたりすることも多くなります。

個人的な心と宇宙的な心の相違は、日常と非日常の違いとも言えるでしょう。一〇八～一〇九ページの表に簡単にまとめておきましたが、さらに説明を続けたいと思います。

個人的な心に対し、宇宙的な心とは、宇宙の意識として知られている純粋な霊（スピリット）です。時空間の境界線を越えて働くこの心は、宇宙という距離も時間も無限な世界に存在するものごとを組織化し、統一する素晴らしい力です。宇宙的な心はすべてのものを結びつけます。なぜなら、ありとあらゆるものがこの心に包み込まれているからです。

宇宙的な心には関心も、エネルギーも、人から認められることも必要ありません。宇宙的な心そのものが「すべて」であり、愛情や人から認められることは自然に引き寄せられてくるのです。ここはすべての創造力を生み出す源であり、今まで不可能だと思っていた限界を乗り越えて想像したり、「枠にはめられずに」考えたり、奇跡を信じられるようにもしてくれます。

宇宙的な心が創造性を大きく飛躍させてくれることは、科学的にも実証されてきました。たとえば、「断続平衡」として知られている仮説もそのひとつの例です。両生類や鳥の化石は存在していますが、両生類と鳥の間の橋渡しをする生物の化石記録は残されていません。この状況は、想像力に大きな飛躍があったことを明らかにしています。すなわち、両生類の「空を飛びたい」という願望が、結果として鳥を生み出したのです。

科学者は、霊長類が進化して人類になったと信じていますが、この両者の中間に存在したとされる動物の化石も存在しません。これがいわゆる「失われた環」です。霊長類しかいなかったところに、突然、人類が出現したのです。間をつなぐ存在は、どこにもいないのです。

このような想像の飛躍が、たえず進化を促し、テレビ、インターネット、eメール、核技術を開発したり、宇宙探検を開始したりしているのです。人類は想像力に導かれて歩んでいます。想像は宇宙の意識の特性ですが、想像はすべてひとつの「部分」に局所化されることで、この世に姿を現すのです。人間は、意思を利用し、個人的な心（「ひとつ」の部分である「わたし」）を通すことで、選択する力を得ています。そして、宇宙的な心（「すべて」である「わたし」）は、この意思を実現するために、細かな部分を処理できるよう、いっせいに働きはじめてくれるのです。夢はこのように実現されます。

身近な例で説明してみましょう。ディーパック（個人的な「わたし」）は、運動して爽快《そうかい》な気分を味わいながら、体重を減らしたいと思っています。そのためルームランナーか浜辺で、毎日、走っています。すると「体重を減らしたい」という願望を実現するために、ディーパックのなかの宇宙的な「わたし」が、体内に存在する数多くの機能をいっせいに活動させます。

心臓は鼓動を速め、より多くの血液を体中に送り、体内の組織は大量の酸素を消費し、肺は素早く深い息をし、身体の燃料である糖分はエネルギーを発生させるためにすぐに燃焼し二酸化炭素と水になります。燃料の補給が少なくなれば、インシュリンが分泌され肝臓に貯蔵されているグリコーゲンをエネルギー源にします。ランニング中は免疫細胞が刺激され、感染への抵抗力が生まれます。「体重を減らしたい」という願望を叶えるための「走る」という意思を実現するには、これらの機能をいっせいに働かせなくてはなりません。実際、わたしが気持ちよく走るためには、これ以外の無数の活動もいっせいに開始させなくてはならないのです。

心臓がきちんと血液を全身に送り出してくれるだろうか、肝臓が忘れずにグリコーゲンを代謝して糖分に変えてくれるだろうか、といった心配をするには及びません。「すべて」である知性がこれらの作業をやってくれるからです。個人的な「わたし」が意思を抱いた瞬間、宇宙的な「わたし」はすべての細かなことを共時的に組織化しているのです。

しかし、個人的な「わたし」がつねに協力的であるとはかぎりません。ときには間違った判断を下してしまうこともあるのです。

ジム・スミスという男性がパーティに出席したとしましょう。個人的なジムは「楽しいパーティですね」と話し、シャンペンをすすりながら、くつろいで新しい友人をつくっています。このパーティにいる宇宙的なジムも楽しんでいて、この瞬間に溶け込み、楽しさを満喫しています。

しかし、個人的な「わたし」が「とっても愉快だ。もっとたくさん飲んで、酔っ払っちゃおう」と言い出したとしたらどうなるでしょう。酔っ払うと、宇宙的な「わたし」は個人的な「わたし」との結びつきを解いて、翌朝、個人的な「わたし」を二日酔いにし、頭をズキズキさせます。宇宙的な「わたし」は二日酔いという罰を与えることで、個人的な「わたし」に、酔っ払うとひどい目にあうことを知らせ、無理をするといずれ体調を崩してしまうと警告を発しているのです。

こうして宇宙的な「わたし」がお酒を飲むのをやめさせようとしているのを無視すれば、ひどいしっぺ返しをくらいます。二日酔いというメッセージに耳を貸さず、毎日酔っ払っていたなら、ジムは職を失い、収入をなくし、家族を崩壊させ、やがては肝硬変にかかり、死んでしまうことにさえなるでしょう。お酒を飲むという意思は、個人的なスミスにも宇宙的なスミスにもプラスにならないからです。お酒を飲むのは純粋な意思とは言えません。なぜなら、個人的な「わたし」が純粋な意思を覆い隠しているからです。

宇宙的な心が個人的な心にもたらされていく瞬間に、決意は姿を変えてしまいます。宇宙的・個人的な「わたし」の両方の欲求を満たした場合にだけ、意思は願望を叶えてくれるのです。「すべて」である宇宙的な意思はつねに発展的で、より大きな善に奉仕する、調和のとれた相互関係に向けて進化していきます。意思が生まれるのはつねに宇宙の領域においてなのです。

世界というタペストリー

地球には何十億もの人間と無数の生物が生息し、そのすべてが個人的な意思をもっています。

たとえば、パーティを開くことになり、たくさんのケーキを焼くとします。わたしはその準備のため、砂糖、小麦粉など必要な材料をすべて購入し、食料貯蔵室にしまっておきました。すると、アリやネズミが材料にたかってきます。彼らの意思は、砂糖や小麦粉を自分の食料にすることです。わたしはネズミがいることに気づき、ネズミ捕りと殺虫剤を買ってきます。ネズミは死に、バクテリアがやってきて、ネズミの死体を分解します。

少し距離を置いて、この状況をもっと広い視野から眺めてみましょう。

これらの出来事はすべて互いにからまりあいながら発生し、創《つく》り出されています。このドラマを成立させるためにはまず、小麦とサトウキビを育てなくてはなりません。すると農場、農民、降雨、日光、トラクター、消費者、小売業者、卸売業者、鉄道、金融貿易市場、雑貨屋、従業員、投資家、殺虫剤、化学工場、化学知識などがそこに関係してきます。ここで結びついている個人的な心は膨大な数にのぼるでしょう。

次に当然、誰が何に影響を及ぼしているのか、誰がこの状況を創り出したのか、という疑問が生じてきます。わたしの意思はケーキを焼くことです。この意思が、農民から株式市場のアナリストや小麦価格などから、地球全体の活動にまで影響を及ぼしています。食料貯蔵室のなかのアリやネズミの行動や、宇宙のなかのその他の要素や力にも影響を及ぼしていることはいうまでもありません。では、ケーキをパーティに出すという意思は、全宇宙が協力して実現させなくてはならない唯一の意思だったのでしょうか？

ネズミも意思を抱いているとすれば、穀物業者、気象状況、ケーキを焼く意思など、これら一連の状況を創り出したのは自分の意思だと思うかもしれません。バクテリアも同じように、後に自分のエサとなるネズミを殺す殺虫剤の購入も含め、全宇宙の活動を指揮したのは自分の意思だと信じ込んでしまうかもしれません。誰の意思がこの出来事のすべてを取り仕切っているかと考えると、ひどく混乱してしまいます。

ではいったい、このすべての活動を創り出したのは誰の意思なのでしょう？　より深い現実では、その指揮を執っているのは、「すべて」である宇宙的な「わたし」です。あらゆる出来事をまとめていく力が、無数の出来事を調整し、同時に発生させているのです。宇宙的な心はたえず自らを心機一転させながら、創造力を発揮し、新鮮さを失わずに、一瞬ごとに生まれ変わっているのです。意思は唯一である宇宙的な「わたし」から生まれてきます。自分、ネズミ、アリ、バクテリア、パーティに参加する人々という個々の視点から見るので、意思を個人的な「わたし」のもののように思ってしまうだけなのです。

どんな場所でも、人間は「それはわたしの意思だ！」と考え、実際に行動しているのは個人的で局所的な「わたし」だと、思い込んでしまうものです。しかし、もっと大きな視野から眺めてみれば、宇宙的な意思が働くことでさまざまな個人的な心が総動員され、出来事は同時に発生し、創り出されているのです。

わたしが息をするには、樹木が呼吸をしなくてはなりません。わたしの血液を循環させるには、川が流れていなくてはなりません。結局、存在しているのは、活発で、豊かで、リズミカルで、分離できない不滅の「わたし」だけなのです。別々に見えているのはすべて幻にすぎません。個人的な「わたし」が実際には宇宙的な「わたし」であることに気づけるのは、このふたつの「わたし」が結びついた瞬間だけなのです。その瞬間、普遍的でたったひとつの「すべて」である「わたし」だけが存在していることを、実感できるようになります。「すべて」である領域に結びついた瞬間、信頼、愛情、寛容、感謝、思いやりを体験できるようになります。執着心がすっかり消え去り、全体とのつながりを感じることができるのです。

祈りは「すべて」である領域に届くから、叶えられるのです。イギリスが生んだ偉大な詩人テニスンは、「世間が想像しているより数多くのことが、祈りによって実現される」と述べています。しかし、むやみやたらに祈りさえすればいいというものでもありません。個人的な「わたし」が宇宙的な「わたし」を感じ、一体となるための鍵《かぎ》は、繊細さ、タイミング、帰依、感謝、信頼、愛情、思いやりです。

個人的な「わたし」に執着しすぎると、自己を超越する偉大な存在が見えなくなります。無知が視野を狭くしてしまうのです。エゴである「わたし」が観察するときは、特殊なものしか見ようとせず、普遍的なものは無視されてしまいます。しかし、スピリットである「わたし」が見ると、その特殊なものを存在させている宇宙の流れが見えるようになります。

ただ生きているだけでなく、人生に奇跡を起こせるようにしてくれるのが、このような相互関係性であり、全体の不可分性なのです。相互関係の海は一つひとつの波となり、砕け、ダイヤモンドのように輝くしずくを泡立て、しばらく互いに姿を映しあい、やがて深い海に戻っていきます。人間は海の透明なしずくであり、一人ひとりが美しく独自な存在ですが、そのしずくはほかのしずくの一部でもあり、それぞれが相手の姿を映し出しています。誰もが永遠の愛、スピリット、意識、宇宙的な「わたし」の像から生まれてきます。解釈、記憶、習慣は、「すべてのことは、たかが知れている」だとか、「何も変わりはしない」とか、「時間は水のように流れていく」といった幻想を創り出しています。しかし実際には、人間の中心には無限の可能性が存在していて、意思さえあれば望むものは何でも実現できるのです。

無限の可能性の指揮を執っているのが意思です。理想的な意思とは何なのか、そして意思はすぐに実現するものなのか、と疑問に思われる人がいるかもしれません。あなたの意思が個人的な願望にすぎず、自己満足にひたりたいだけのものなら、宇宙的な「わたし」は協調してくれないかもしれません。宝くじを当てたいのなら、自己を超えたもっと大きな願いに応《こた》える必要があるのです。「宝くじを当てて、新しいＢＭＷを買いたい」という程度の意思でも、自動車メーカー、自動車販売会社の従業員、投資家をはじめとする大勢の人に貢献していますが、そこにはマザー・テレサが抱く意思ほどのパワーはありません。彼女の金銭を調達したいという願いは、他人の願いを叶え、より深いレベルで施し、施されたいという思い、大勢の人に奉仕したいという祈りから生まれているからです。宇宙的な心の意思が叶えられたときのほうが、より多くの人の願いが満たされるのです。

願望を叶えるための意思を抱くたびに、「自分や自分に関係するすべての人に、どのように役立つのか？」と自分に問いかけてください。その答えが、自分や自分の行動に影響を受けるすべての人に純粋な喜びや充実感をもたらすものなら、意思は宇宙的な心にゆだねられ、願望が達成される方向に動き、奇跡が起きるのです。

人生の使命となる、純粋で適切な意思を見つけ出す方法があります。詳しいやり方は後ほど紹介しますが、その手段とは宇宙の意思を妨げない意思を抱くようにすることです。

最近、スイス連邦工科大学研究チームらが開発した「ゴールデン・ライス」という品種の米を食糧不足の開発途上国に導入しようという試みがあります。この米は遺伝子工学により害虫がつかないので、たくさん栽培できるのです。

ところが、ここには問題がいくつかありました。この米からは食物連鎖を維持し、円滑にする、さまざまな虫を引きつけるにおいまでなくなっていたのです。エコロジストはゴールデン・ライスが地域の生態系を破壊し、気候に重大な変化を引き起こし、地球全体に深刻な影響をもたらすことに不安を抱いています。

ひとつのことだけに目を奪われた限られた知識は、問題の一部だけを解決しようとしていますが、拡大された「すべて」である知識は、鳥、ミツバチ、リス、ウッドチャック、気候との関係も視野に入れています。いかに善意の願いでも、宇宙的な「わたし」の意思を無視してしまうと、不測の事態を招く結果になるでしょう。

複雑に入り組んだ相互関係の絆《きずな》を築くためには、無欲な態度だけでなく、宇宙的な「わたし」から生まれてくるほかの多くの個人的な「わたし」との協調も不可欠なのです。

「宇宙の心」に意思をつなげる

意思を抱くとは、宙に浮かぶシャボン玉をつかむようなものだと考えてください。無理やりつかもうとしても、こわれてしまうだけです。必要なのは細かな気配りであり、意思は、慌てても、無理をしても抱けるものではありません。人がいきなり睡眠や瞑想《めいそう》状態に入ることができないのと同様に、無理をすればするほど、きちんとした意思は抱けなくなってしまいます。瞑想も睡眠も、自然にその状態に入っていくものです。意思も同じことです。

種には樹木、花、果実へと生長するのに必要な、あらゆる要素が備わっています。意思にも同じように、願望を達成するための要素が組み込まれているのです。種に何か特別なことをする必要はまったくありません。土に植えて、きちんと水をやりさえすれば、その後自らの力で自然に、すべてを創り出していくでしょう。

意思とは意識のなかに埋め込まれている種（スピリット）です。種に関心を払い、きちんと心遣いをしておけば、芽が出てきます。自然に病気が治ってしまう人がいる理由もそこにあります。意思は宇宙のなかにあるあらゆる創造力を組織化しています。人間はこの意思を利用して、人生にプラスの変化を創り出していくことができます。

では、なぜ人間はこのような能力を失ってしまうのでしょう？　それは、間違った自己イメージのせいで本来の自分の姿を見失ってしまうためです。

二、三歳になると、人は自分と他人の違いに気づくようになります。この段階で、子供は「わたし」や「わたしのもの」と、「わたし以外」や「わたし以外のもの」との区別をつけはじめます。自己と他者とを区別するようになると、不安も生まれてきます。

しかし実際には、人間の意識は引き離されてしまうわけではなく、依然としてひとつにつながっているのです。宇宙に内在する創造力を利用することで、意思は活動を開始します。それぞれの人間に想像力があるのと同じように、宇宙にも想像力、生命力、意識が存在しています。緊密な関係が人間と宇宙の間に築かれれば、宇宙は人間の意思に応えてくれるようになります。そうすると、宇宙がまるで自分の拡大された身体のように思えてくるでしょう。

真実の自己を取り戻し、自分らしさを発揮すれば、意思の力を手に入れることができます。自己実現を達成した人は、宇宙的な心との結びつきをきちんと築きあげています。彼らには人を操ったり、支配したりしようという気持ちはありません。批判やお世辞に流されもしません。人より劣っているとか、すぐれているとか思うこともありません。エゴではなく、魂という内面の基準をよりどころにしているからです。体面を守ろうとしてエゴがつくり出す不安はなくなり、意思もひとりでに生まれてくるようになります。

スピリチュアリティをすみやかに進化させるためには、心を穏やかにしなくてはなりません。穏やかさを身につければ情報に敏感に反応できるようになり、それでいて他人の意見に振り回されたり、批判やお世辞に惑わされることはなくなります。人事を尽くして天命を待っているので、結果に不安を抱くこともありません。自信を抱き、自分の周囲にたえず発生しているシンクロニシティにきちんと気づくようになるのです。

意思を抱けばたえずチャンスがめぐってきます。チャンスが到来すれば、行動が必要となります。行動に踏み切るときは、「実行しているのは自分ではない」という態度をとってください。自分の行動を「すべて」である知性、あらゆるものごとを組織化する宇宙のスピリットの行動だと思うことです。すると不安を抱くこともなくなり、結果にも執着しなくなります。

シンクロニシティは、神と連絡をとり、人生の意味と目的を見つけ出す方法です。愛情や思いやりを実感し、「すべて」である宇宙の知性とつながる手段なのです。関心を抱いていることにストレスを感じているようでは、シンクロニシティはなかなか訪れてはくれません。シンクロニシティを効果的に発生させるためには、あなたが想像するよりはるかに壮大な、宇宙の領域に身をゆだねなくてはなりません。

そのためには、信念の飛躍、すなわち未知の世界に飛び込む覚悟が必要です。「万事自分の都合どおりに進むことはないのだ。だから、どうすればいいのだろうと思いわずらう心を、少しずつ取り払っていこう。『わたしやわたしのもの』という意識を乗り越えていくことにしよう」

こんなふうに唱えてみましょう。未知の世界に飛び込むことができれば、多くのものを得られるのです。翌月の請求書の支払いが心配なら、自分の欲求ばかりでなく、子供を学校に進学させようとか、地域社会に貢献しようという自己を超えた意思を思い出すといいでしょう。

誰もが「人生で願望を成就したい」と思っています。その意思ははっきりと宣言したり、表現する必要があります。そうすることで、あなたは無限の心と結びつきます。「内面にある『すべて』である知性が、あとのことは処理してくれるので、もう不安を抱いたりしません。すべてをそこにゆだねます」と宣言するのと同じことなのです。

すぐれた芸術家、ジャズミュージシャン、作家、科学者は、創造するときには自己を超越しなくてはいけないと話しています。わたしは数多くのミュージシャンと仕事をしてきましたが、歌をつくっているとき印税について考えている人はひとりもいませんでした。新しい歌や新しい曲は「すべて」である領域にゆだね、しばらくそこで温めておき、自然にぽんとメロディーが頭に浮かんでくるようにしているのです。多くの創作過程は、このようにアイデアを温めたり、自然と浮かんでくる段階でどんなものになるかが決まります。シンクロニシティ（偶然の一致）も同じプロセスをたどります。偶然の一致の場合の創造的な心とは、宇宙そのものなのです。不安が去って生まれる心の空白地帯に、「すべて」である知性が入ってくるのです。

あなたの考えを宇宙の計画と矛盾させてはいけません。宝くじで大金を手に入れたら、友人や家族との関係が冷たくなり、以前より不幸になったという当選者の話をよく耳にします。金銭だけが目的の場合には、お金はむしろ遠のいてしまうものです。

自分が実際にどのような意思を実現しようとしているのかを知るには、宇宙的な心が与えてくれる手がかりに注意を払うことです。すなわち、人生に起こる偶然の一致に気づくことです。偶然の一致は神、スピリット、宇宙的な現実から送られてくるメッセージです。偶然の一致は、カルマや今まで慣れ親しんできた思考パターンからあなたを解放するよう、後押ししてくれることでしょう。

宗教では「恩寵《おんちょう》」と呼ばれている、偶然の一致という現象――。これを知ることで、自分の源である無限の知性に愛され、大切にされていることを、あなたもきっと実感できます。

5 偶然の一致の役割

「偶然の一致は、『すべて』である知性から送られてくる暗号化されたメッセージだ」

こんなことを聞くと、まるで人生がミステリー小説のように思えてきます。関心を払い、手がかりが出てくるのを待ち、その意味を解読し、最後に真理を探りあてるのです。多くの点で、人生とは謎《なぞ》そのものなのです。

人生が謎だというのは、運命が隠されているように思えるからでしょう。この世での終わりの時間が訪れて、人はようやく人生を回顧し、自分がこれまでたどってきた足どりが見えてきます。終わりの地点から振り返ると、自分の人生がとても筋の通っていたように思えてくるのです。人生のさまざまな経験を集めてみれば、そこに一本の長い糸をすぐにたどれるかもしれません。

今、あなたが人生のどの段階にいるにしろ、過去を振り返って、人生の節目から節目をどのようにたどり、違う場所、仕事、環境にどのように移っていったのか、注意して見つめてみましょう。自分がどの方向に向かって歩んでいるのかわかってさえいれば、どれほど楽な人生が送れていたかに気づいてください。ほとんどの人は過去を振り返り、「何にあれほどおびえていたのだろう？　なぜ自分自身や人にあんなにきつく当たっていたんだろう？」と首をかしげてしまうものです。

つねに魂のレベルで生きていられたら、わざわざ過去を振り返り、人生の重要な真実をきちんと理解する必要はなかったでしょう。真実を事前に察知し、人生の冒険にも乗り出せていたでしょう。自分のたどる道が目の前にはっきりと記されているのですから、道しるべも、手がかりも、偶然の一致も必要なかったはずです。

しかし、魂のレベルで生きている人はほとんどいません。だから宇宙の意思を知るには、偶然の一致に頼るほかないのです。誰もが人生のなかで遭遇する、この偶然の一致（coincidence）という言葉は、co（いっしょに）、incidence（出来事）というふたつの部分から成り立っています。すなわち、ふたつ以上の出来事が同時に発生するという意味なのです。偶然の一致はどんな人にも起こる現象なので、たいていの人が別に珍しくもない、多少、はっとさせられる程度の奇妙な瞬間だと考え、すぐに忘れてしまいます。

しかし、偶然の一致には、単なる奇妙な瞬間とは言いきれない大きな意味が含まれています。なぜなら宇宙的な「わたし」の意思を知る手がかりとなる、きわめて重要な出来事だからです。体験した人にとって、特別な意味をもつこの現象を説明するため、「意味のある偶然の一致」という言葉が使われることもあります。しかし、わたしに言わせてもらえれば、偶然の一致はすべて意味がある出来事であり、意味がなければ、起こったりはしません。まさに偶然の一致が起こること自体に意味があるのです。そこに意味を見つけ出せるか、見つけ出せないかが重要なのです。

偶然の一致とは何でしょう？　あなたも心の奥底ではすでにおわかりでしょうが、もっとはっきりと理解してもらわなくてはなりません。偶然の一致が起こりさえすれば、おのずと意味がわかるものではないからです。自分で意味を見つけ出すどころか、自らこの現象に参加しなければ、どんな出来事も本質的な意味を失い、宇宙そのものに意味がなくなってしまいます。

偶然の一致に意味を与えるのはわたしたちの仕事です。意思を通して、意味を見いだすのです。偶然の一致は「すべて」である領域からのメッセージであり、自分の夢や願望を明確にするためにはどう振る舞えばよいかを教えてくれます。それにはまず意思をもち、スピリチュアルな自己と触れあわなくてはなりません。そうして初めて、偶然の一致を利用して、願望を実現できるのです。

意思をもつことは別に難しいことではありません。願いごとなら、誰にでもできます。しかし、自分のスピリチュアリティを高めることはなかなかできません。自分は信仰心が厚いと思っている人は大勢いますが、そんな人でも広大なスピリットの海を利用してはいません。海の上を泳いでいるだけで、水中に潜り、深遠な宇宙の体験を味わおうとしてはいないのです。

偶然の一致が人生を変えていく

奇跡は実際に起こる現象です。世界中のいたるところで、現実に発生した奇跡が今日に言い伝えられています。望んでいた結果が劇的に実現したとき、その出来事をわたしたちは奇跡と呼びます。人は重い病を治したい、巨万の富を手に入れたい、自分の目的を見つけたいと願い、それが実現した瞬間、「なんという奇跡だ！」と叫びます。奇跡とは、スピリチュアルな領域に踏み込み、意思を使って自分の運命を明らかにできたときに生じる、まさに劇的な瞬間を言うのです。

素晴らしい偶然の一致の例を紹介しましょう。デイビッドという男性がジョアンナという女性に恋をしました。彼は彼女にすっかり夢中になりましたが、結婚には踏み切れずにいました。しかし、ついに意を決し、彼女にプロポーズすることにしたのです。まだためらいはありましたが、結婚を決意した日の朝は、目覚めた瞬間から穏やかな気持ちに包まれ、万事がうまくいくような予感がしました。

デイビッドは公園でピクニック用の毛布をしき、プロポーズの言葉を口に出そうとしました。するとちょうどその瞬間、広告の旗をなびかせた飛行機が、ふたりの上空に飛んできたのです。ジョアンナが空を見上げ、「旗にはなんて書いてあるのかしら」と聞きました。あまり深く考えもせず、デイビッドは「僕と結婚してくれないか、って書いてあるよ」とつぶやきました。ふたりがじっくり旗を見てみると、なんと「ジョアンナ、僕と結婚してください」とほんとうに書いてあったのです！

翌日、地元の新聞に、ある男性がジョアンナというガールフレンドにプロポーズするため、公園の上空に飛行機を飛ばした、という記事が載っていました。まさにどんぴしゃりのタイミングで、それがふたりの上空を飛んでいたのです。この素晴らしい偶然の一致は、デイビッドの将来に重要な手がかりを与えてくれる、まさに奇跡でした。ふたりは結婚し、今でも仲良く暮らしています。

スピリチュアリティに興味のない人は、このような不思議な出来事は、単に運がよかっただけだと思っています。しかし、わたし個人としては、デイビッドの一件は世間一般に言われている「運」とはまったく別なものだと確信しています。ほとんどの人が運と呼んでいる出来事も、多かれ少なかれ、シンクロニシティを応用して、自分の意思を実現した例なのです。

病気の原因が微生物であることを突き止めたルイ・パスツールは、「偶然は準備を整えた精神に微笑《ほほえ》む」と言っています。この言葉は、「チャンス＋準備＝幸運」という簡単な公式に書き換えることができるでしょう。シンクロディスティニの教訓を応用すれば、あなたの心に準備が整い、人生に幸運が訪れてくる瞬間をつかまえられるようになります。チャンスに気づき、実際につかんだその瞬間、すべてのことが変わっていきます。「運」とは現在、奇跡を説明するために用いられている言葉なのです。

シンクロニシティ、意味のある偶然の一致、奇跡、幸運――これらはすべて、同じ現象を違う言葉で言い表したものです。今まで見てきたとおり、体内に備わっている「すべて」である知性は、シンクロニシティを通して働いています。自然や生命の体系である生態系に関する知識が増えているのも、宇宙の根源的な知性と、シンクロニシティがもたらしたものです。

シンクロニシティが起こったなら、人生の好機が到来したと思ってください。すべての偶然の一致が、あなたがこの世に生まれてきた目的を果たせる人間に成長していく機会を与えてくれるのです。

これがずばりシンクロニシティの真実です。宇宙全体があなた個人の運命を創《つく》りあげていこうとしています。そのために、宇宙は「非因果的（acausal）で、『すべて（非局所的）』である結びつき」を利用しているのです。

ところで、非因果的な結びつきとはどういうことなのでしょう？　あなたの人生のなかで、まったく無関係だと思える出来事をいくつか、じっくりと調べてみてください。関連がないように見えるそれらの出来事はすべて、個人の運命を創りあげる、歴史の一コマになっています。非因果的（acausal）とは、「互いに関連はしていても、表面的には直接の因果関係が説明できない出来事」という意味です。

人生に起こるあらゆる出来事の背後に隠された複雑な力は、想像することすらできません。個人の人生、カルマや運命の網の目をつくりあげるとき、偶然の一致の力が働いているのです。偶然の一致が起きないのなら、あなたは日ごろ、仮想領域を無視した生活を送っているのです。

ふだん、人は原因と結果しか見ていません。これや、あれや、それだけにしか原因を求めず、直線的な筋道でしかものごとを考えていません。しかし因果関係の裏側を覗《のぞ》いてみると、表からはうかがい知れない事態が進行しています。そこには全体を網羅する関係の網の目が張りめぐらされているのです。この真実を明らかにした瞬間、意思がこの網の目にどのように縫い込まれているかが理解できるようになります。それは表面に現れている経験より、ずっと深い文脈に結びつき、強い関連性をもった、全体的で愛情に満ちたものです。

大勢の人が型どおりの生き方をしています。同じ日課を守り、来る日も来る日も予測のつく代わり映えのしないやり方で行動しています。このように何も考えず、気づきもせず、繰り返しだけの人生を送っていては、奇跡を起こすことなど、とうてい不可能です。偶然の一致は信号のようなもので、わたしたちの目を人生の重要な出来事に向け、日常生活に埋もれている真実をかすかに見せてくれます。この信号を無視して先を急ぐことも、信号に注意を払い、待ち受けている奇跡を実現することもできるのです。

医学研修を終了したとき、わたしは神経内分泌学に興味を引かれていました。脳の化学物質がどのような働きをしているかを研究する学問です。それが意識を科学的に解き明かす鍵《かぎ》であることはわかっていました。それがまさにわたしが研究したかったテーマだったのです。世界でも指折りの神経内分泌学者のもとで働くため、わたしは研究助手の職に応募しました。この尊敬される科学者はノーベル賞に匹敵する仕事をしていたので、わたしはぜひ彼のもとで学ぶチャンスが欲しかったのです。

その年、何千人もの応募者のなかから、わたしは助手のひとりに選ばれました。しかし、研究所に勤めはじめてすぐに、彼の実験室が真の科学の探究より、エゴを満足させることに力を入れているのがわかりました。論文を大量生産するために、わたしたちはまるで機械のようにこき使われていました。仕事は退屈で、充実感などまるでありません。有名で、尊敬されているこの科学者にひどく幻滅を覚え、ずっとこのままみじめな気持ちで働くことに嫌気もさしていました。志を抱いて就いた仕事なのに、いつの間にかわたしは一日中、ネズミに化学物質を注射して過ごしていたのですから。

失望している自分に気づき、毎朝、『ボストン・グローブ』紙の求人広告にざっと目を通すようになりました。ある朝、地元の病院で緊急治療室の医師を募集している広告が目に留まりました。それから毎日、新聞を開くとき、その小さな募集広告を見るのが癖になり、素早くぱっとめくっただけで、そのページが開けるほどでした。心の奥底で、ネズミに化学物質を注射するのをやめ、緊急治療室で実際に苦しんでいる人を助ける自分の姿を思い描くことができました。しかし、わたしは有名な神経内分泌学者の指導をあおげる、助手の地位に就くことをずっと願っていたのです……。

その神経内分泌学者に冷たく見下したような態度をとられたある日、わたしは頭を冷やすためにラウンジに歩いていきました。するとテーブルに『ボストン・グローブ』紙が置いてあったのです。わたしは例の小さな求人広告の載っているページを開きました。数週間、わざと見ないようにしてきましたが、もはや偶然の一致のもつ恐るべき力は、無視できないほど強くなっていたのです。ようやく、すべてが明らかになりました。わたしは本来いるべきではない場所で、間違ったことをしていたのです。退屈な仕事、著名な学者のエゴ、ネズミ、志と違うことをやっていることへの自責の念に、もううんざりしていたのです。

わたしは事務室に戻り、研究室を去ると告げました。科学者は駐車場まで追いかけてきて、この分野でのおまえの前途は絶望的で、もう誰も雇ってはくれないだろう、と声を張りあげていました。

彼の声を耳に響かせながら、わたしは広告に載っていた緊急治療室にまっすぐ向かい、その日から仕事を始めたのです。初めて苦しんでいる人々を治療し、救うことができました。わたしは久しく忘れていた充実感を味わっていました。数週間ずっと、『ボストン・グローブ』紙の広告に目がいくという偶然の一致に気づくことで、習慣となっていたパターンを突き破ることができたのです。それがわたしへのメッセージであり、わたしのための人生の指針でした。

神経内分泌学者の助手になったこと自体が、間違いだったと思う人もいるかもしれません。しかし、この職に就いていなければ、わたしはボストンにはいなかったでしょう。研究室で働いていなければ、あの求人広告に目を留めず、心のなかの真実の叫びにまったく気づかなかったかもしれません。人生のこの時期、自分なりのやり方を行動に移すためには、このような数多くの細かな出来事がきちんと存在しなくてはならなかったのです。

わたしの大好きな詩人で哲学者のルーミーは、「これはほんとうの現実ではない。ほんとうの現実はカーテンの後ろにある。実は、わたしはここにはいない。これはわたしたちの影なのだ」と書いています。日常的な現実として体験している出来事は、影が演じている劇にすぎません。幕の裏側には、時間や空間を超越した、活気に満ち、変化に富んだ不滅の魂が存在しています。そして魂のレベルから行動することで、人間は意識的に運命に影響を及ぼすことができるのです。因果律とは一見無関係な、運命を形成するシンクロニシティ（すなわち、シンクロディスティニ）によって、人生を変えていくことができます。

シンクロディスティニによって、五感を超越した魂の世界に意識的に気づけるようになれば、自らの人生を新たに切りひらいていけるのです。

「今、ここにいる」という奇跡

驚くべき偶然の一致が立て続けに起こらなければ、この世の中には何も存在していなかったでしょう。

宇宙を誕生させたビッグバンについて解説した、物理学者の記事を読んだことがあります。

ビッグバンの瞬間、粒子は反粒子よりほんのわずかに多くつくられました。粒子と反粒子が衝突し、互いに消滅することで、宇宙には光子が充満しました。しかし、数にほんの少しの違いがあったために、粒子がわずかに残り、その粒子からこの物質的世界がつくられました。あなたやわたし、星や銀河を含むこの宇宙は、誕生の瞬間に残った粒子のカスからできているのです。残された粒子の合計は10の80乗(1の後ろにゼロが80個続く数字です!)でした。粒子がこの数よりほんの少しでも多ければ、重力のために生まれたばかりの宇宙は崩壊し、あなたも、星も、銀河も何もないブラックホールになっていたでしょう。これとは逆に、粒子の数がほんのちょっとでも少なければ、宇宙の膨張する速度が速すぎて、銀河を形成するだけの時間はなかったでしょう。

最初にできた原子は水素でしたが、原子の核を支える重力がほんの数パーセント欠けていても、水素がヘリウムになる前段階の重水素は発生せず、宇宙は水素だけの世界になっていたでしょう。また、核を支える力がほんの少しでも強ければ、すべての水素がたちまち燃焼してしまい、星をつくるための燃料は残っていなかったはずです。この重力と同じように、星が超新星に成長し、重元素を生み出すためには、電磁気もちょうど電子を留《とど》めておけるだけの力でなければなりませんでした。ほんの少し多くても、少なすぎても、宇宙は存在していなかったのです。

とりわけ、生命を創り出す炭素と酸素を生み出すためには、ビッグバンの瞬間から宇宙の誕生までよりはるかに多くの偶然の一致が連続して発生する必要がありました。あなたとわたしがここにいて、星や銀河や惑星をもつ宇宙が存在することは、とても信じられない出来事です。まったくの偶然の一致です！　時間が誕生した瞬間にまでさかのぼる奇跡なのです！

ビッグバンの瞬間、ある地点から宇宙を眺めることができたとしても、これから先、宇宙がいったいどのような全貌《ぜんぼう》を現していくのか知ることはできなかったでしょう。星が形成されているとき、キリン、クモ、鳥、人間はいうまでもなく、太陽系惑星ができることさえ、想像できなかったでしょう。精子が卵子と出会い、あなたがつくられた瞬間、あなたに待ち受けている素晴らしい出来事、幾多の紆余《うよ》曲折、出会う人々、芽生えた愛情、あなたの子供、あの世に旅立つときこの地上であなたが人々に残していく印象の、どのひとつさえ、誰も想像することはできなかったでしょう。

あなたがここにいるという事実は、日常で起こる奇跡の生きた証拠なのです。手品の種明かしのようにすぐに納得できるというわけにはいきませんが、奇跡はまさに起こっているのです。ただ、奇跡が明らかになり、評価できるようになるには時間がかかるものなのです。

シンクロニシティが時間をかけてつくり出される仕組みを、わたしは人生のもうひとつの出来事で知りました。発端は、父がインド対西インド諸島のクリケットの試合を見に、わたしと弟を連れていってくれた日にまでさかのぼります。

十歳か十一歳のころでした。西インド諸島は素晴らしい選手ぞろいで、なかには時速九十五マイルの球を投げる選手までいたのです。インドチームは西インド諸島チームにこてんぱんにやられていました。この絶望的な状況に、ふたりの若い選手が登場しました。仮にサリーンとモーハンという名にしておきましょう。

ふたりは実に素晴らしい選手で、登場すると試合はすぐ落ち着きを取り戻しました。ふたりの活躍のおかげでインドチームは敗色濃厚な試合に勝利を収めたのです。沸きかえったスタジアムはまるで暴動が起こりそうな騒ぎで、熱狂したファンがグラウンドになだれ込んできました。弟とわたしにとって、ふたりの若いクリケット選手は英雄になりました。わたしたちはクリケットクラブを結成したり、サリーンとモーハンの情報を集めるようになったのです。

四十年後、わたしが三人の友人とオーストラリアを旅行したときのことです。わたしたちは空港に向かうタクシーがつかまえられずにいました。オーストラリア対西インド諸島のクリケットの試合があったため、一台の空車もなく、車を雇うことさえできませんでした。ようやくホテルの接客係が、空港に向かうリムジンがあることを知らせにきました。車には先客がいました。カムラという女性と、もうひとりの男性で、わたしたちが同乗するのを気にする様子はありません。車が見つかり、しかもそれがリムジンだったので、わたしは、なんてついているんだと思いました。

空港に向かう途中、リムジンの運転手がときどき叫び声を上げるのを耳にして、いったい何が起こったのか首をかしげていました。すると運転手は、クリケットで西インド諸島がオーストラリアに圧勝したと言うのです。その瞬間、子供時代に見たクリケットの試合が鮮明によみがえってきました。何かとても気分がよくなったので、その話をしました。もう四十年も前の出来事なのに、試合の細かなところまで説明できるのです。

空港のチェックイン・カウンターにたどり着いたとき、係員がカムラに、あなたの便は翌日の午後だと告げました。日にちを間違えていたのです。彼女はその日の便がとれるか尋ねましたが、すべて満席でした。ホテルにもう一泊しようにも、クリケットの試合のために満室でした。そこで、わたしたちはブリスベンにいっしょに行かないかと誘いました。

結局、彼女はわたしたちと同じ便に乗ることになりました。飛行機で左の席に座っていたインド人がわたしに気づき、『富と成功をもたらす7つの法則』（邦訳：大和出版）を取り出して、サインを求めてきました。名前を尋ねると、「ラム」と答えました。「いいですよ。姓のほうは？」と聞くと、「メノン」だという返事です。わたしは「ひょっとしたらあなたはモーハン・メノンの息子さんじゃないですか？」と質問しました。すると、そのとおりです、という答えが返ってきたのです。モーハン・メノンは四十年前のクリケットの試合で、弟とわたしの英雄になったあの選手です！

わたしたちは二時間も談笑しました。胸の高ぶりを抑えることはできません。何しろわたしにとっては、ベーブ・ルースの息子と話しているようなものなのですから。彼にクリケットをしているかどうか質問すると、今はやっていないが、以前にクリケットの一流選手とプレーをしたことがあると話してくれました。誰とプレーしたのか尋ねると、「ラビ・メーラ」と答えました。その名前を耳にして、わたしの後ろに座っていたカムラが大声を上げました。ラビ・メーラは彼女の兄だったのです。

メノンとカムラが話しはじめると、仕事上の知り合いがいることがわかりました。その後、ふたりは協力し、かなりの富を築きあげました。わたしは会ったばかりのふたりの人生を変える仲介役になれました。あのクリケットの試合から四十年ほどあと、複雑で予測のできない関係の網の目が、新たなチャンスをつくり出していたのです。

人生の経験が、いつどのような形で再び表面に飛び出してくるのか知ることは、まったくできません。偶然の一致が、いつ人生最大のチャンスに導いてくれるのか、知る手がかりはまるでないのです。

関心と意思が偶然の一致を招く

意識は関心と意思のどちらにも反応します。あなたが関心を抱いたものはすべて、現実に向かって動きはじめるのです。逆に、関心を失ったもののエネルギーはすべて、衰えていきます。

一方、今まで見てきたとおり、意思は変化を創り出す鍵となります。関心がエネルギーの集中している場を動かし、意思が情報の場を活性化させることで、変化が生まれてくるのです。

言葉を口にするたびに、あなたは音波によってエネルギーの場に情報を伝えています。eメールを送受信するたびに、あなたは情報とエネルギーの両方を活用しています。あなたが選んだ言葉には情報が含まれています。そして、その情報をネットワークを通じて送り出しているのがエネルギーです。このように情報とエネルギーは互いに緊密に結びついています。

あるものや言葉、色彩に関心を抱いた瞬間、身のまわりにその関心の対象を目にする回数が増えていると、気づいたことはありませんか？

わたしの最初の車は、フォルクスワーゲン・ビートルでした。それまで車にはあまり関心がなく、フォルクスワーゲンが走っているのに気づいたことはほとんどありませんでした。ところが車を買ったあと、わたしはいたるところでビートルを見かけました。最初は気のせいかとも思いましたが、走っている車の三台に一台が赤のコンバーチブル・ビートルだったことがあるくらいです！

毎日、わたしたちの意識を黙って通り過ぎてしまう何百万もの出来事があります。通りの騒音、街ゆく人の会話、さっと目を通した新聞記事、服の柄、靴の色、におい、肌触り、風味などは、意識にのぼらないうちに忘れ去られていきます。人間の意識が処理できる情報は限られているので、関心を向ける対象は選択されているのです。

しかし、あなたが関心を集中しようとしたことはすべて、精神の濾過《ろか》装置を通り抜けることができるでしょう。たとえば、立食パーティの席を思い描いてください。

あなたとわたしは会場の隅で、なごやかに談笑していました。しかし、誰かがあなたのことを話題にした瞬間、あなたは彼らの話に耳を傾けはじめます。すると、パーティの喧騒《けんそう》は消え、隣で話しているわたしの言葉もまったく耳に入らなくなってしまいます。関心にはこれほど強烈な力が潜んでいるのです。

物理的な世界では、新聞、書物、テレビ、ラジオ、携帯電話をはじめ、数多くの手段で簡単に情報を手に入れることができます。たやすくまわりの環境を見たり、聞いたり、触れたり、かいだり、味わったりできるのです。しかし、魂のレベルの情報を手に入れたいのなら、まったく別の方法で情報を収集しなくてはなりません。

ふだんは、この見えない次元に関心が払われることはありませんが、目に見える世界で起こっているあらゆる出来事の発信源はここにあるのです。この次元では、あらゆるものがほかのすべてのものと結びついています。スピリチュアルな世界に住んでいれば、このつながりが見えるようになりますが、物質的な世界に暮らしているかぎり、偶然の一致が与えてくれる手がかりをキャッチして、ほんのわずかに見ることしかできません。

精神世界に通じた人々が、魂のレベルの情報を引きつけるもっとも効果的な手段にしているのは、関心と意思です。

偶然の一致に関心を払えば払うほど、偶然の一致が発生する回数は多くなり、その意味も明らかになっていきます。偶然の一致を意識すると、自分のもとにエネルギーが引き寄せられ、「これにはどんな意味があるのか?」と問いかけることで情報が集まってくるのです。

質問に対する答えは、洞察、直観、出会い、新しい人間関係として現れてくるかもしれません。あなたは一見、まるで関連のない四つの偶然の一致を体験し、ふと眺めていた夜のニュースから、洞察を得るかもしれません。その瞬間、「ああそうだったのか! 自分にとってあの出来事はこういう意味だったのだ!」と心のなかで叫ぶでしょう。偶然の一致への関心を深め、その重要性をさらに詳しく探っていけば、偶然の一致は数多く訪れるようになります。その意味がはっきりと解き明かせるようになれば、自分の願望をいかにして叶《かな》えるか、その手段までわかってくるのです。

ほとんどの人の過去は記憶のなかにしかなく、未来は想像のなかにしか存在していません。しかし、スピリチュアルなレベルでは、過去も未来も、人生におけるあらゆる可能性も同時に存在しているのです。ここではすべてのことが同時に発生しています。

それはCDをかけることに似ています。二十五曲入っているCDでも、耳を傾けるのは一曲だけです。しかし、ほかの曲もCDのなかに入っていて、単に今、聴いていないだけなのです。この事実に気づかなければ、今、聴いているほかに曲など存在していないと思い込んでしまうでしょう。人生のトラックチェンジャーがあったら、過去、現在、未来に同じようにすんなりと耳を傾けることができるはずです。

より深い自己に意識を集中していれば、より深い領域に入っていくことができます。自己は宇宙とつながっているのです。仏教は、「自己は生きとし生けるすべてのものとつながれている」と教えています。

偶然の一致を起こす環境をつくる

偶然の一致に関心を注げば発生する回数が増え、繰り返しシンクロニシティを目撃することで、人生に存在する無限のチャンスをどう活《い》かせばいいかがわかります。しかし、何十億もの情報が次々と押し寄せてくるなかで、どうやって関心を払うべき情報を見分けられるのでしょう？　紅茶を飲んだり、コマーシャルを眺めたり、見知らぬ人からちらりと視線を向けられるたびに意味の探究を妨げられないようにするためには、どうすればいいのでしょう？　貴重なチャンスを見過ごさずにすむ秘訣《ひけつ》とは？

このような質問に簡単に答えることはできませんが、偶然の一致を呼び寄せるために、しっかり覚えていてほしいのは、自分の環境に敏感になることです。

ではここで、少し目を閉じてください。あなたのまわりにある、すべてのものを肌で感じてみてください。どんな音が聞こえてきますか？　今この瞬間、あなたは何をかぎ、何に触れ、何を味わっていますか？　少しの間、一つひとつの感覚に関心を払い、はっきりそれを意識してください。

今、あなたは何を感じていましたか？　温度は何度くらいでしたか？　そよ風は吹いていましたか、それともまったく風がない状態ですか？　座っている椅子《いす》に身体のどの部分が触れていましたか？　太ももや背中の下のほうが圧迫されているのに気づきましたか？　犬の鳴き声や、隣の部屋で遊んでいる子供たちの声は聞こえましたか？　そしてもっと小さな音は？　エアコンが送る、かすかな風の音は？　自分の息遣いが聞こえましたか？　おなかがぐるぐる鳴る音は？

自分の周囲の出来事や刺激に敏感な人は、宇宙から送られてくる偶然の一致にも素早く反応しています。わたしたちが宇宙から受け取る手がかりは、郵便やニュース速報のような形で送られてくるとはかぎりません。窓の外から漂ってくるパイプの煙のように、かすかなものかもしれないのです。パイプの香りに、ふと父親のことやその愛読書を思い出し、それがあなたの人生に大きな影響を及ぼすことになるかもしれないのです。

少なくとも、一日一度、一分から二分の間、五感（視覚、聴覚、味覚、触覚、嗅《きゅう》覚《かく》）のなかのひとつに意識を集中し、その感覚のさまざまな側面にできるだけ気づくようにしてください。最初は努力がいりますが、すぐ簡単にできるようになります。あまりに気が散ってしまうようなら、ほかの感覚を遮断してください。たとえば鼻をつまんだり、目を閉じたりして、ものを食べてみましょう。視覚や嗅覚に惑わされず、食物の舌触りに意識を集中してください。

いつもとは違う、強い刺激に自然と関心が集中するはずです。あなたを取り巻く環境でもっとも綿密に調べなくてはならないのは、こういった刺激なのです。

偶然の一致が通常ではありえない出来事であればあるほど、宇宙の意思を解き明かす有効な手がかりになります。結婚を考えているとき指輪の広告に気づいたとしても、大きな偶然の一致とは言えません。しかし、ジョアンナにプロポーズしようと考えているとき、頭上に「ジョアンナ、僕と結婚して」と書かれた旗がひらめいたという出来事は、ふつうではまずありえないことです。これは宇宙があなたに用意している道を告げる、非常に力強いメッセージです。

偶然の一致が起こったなら、無視したり受け流したりしてはいけません。「ここにはどんなメッセージが含まれているのか？」「どんな意味があるのか？」と自分に問いかけてみてください。答えを無理に出す必要はありません。質問をすれば答えは自然と浮かんでくるはずです。ひらめきなど、創造的な体験として現れてくる場合もありますし、まったく別な形をとるかもしれません。おそらく、偶然の一致と何らかの関係のある人物との出会いがあるでしょう。出会い、関係、思いがけない遭遇、状況、環境から、すぐその意味を知る手がかりが与えられ、「そうか、そういう意味だったのか！」とあなたはうなずくはずです。

日常と夢の日記が、偶然の一致を起こす

偶然の一致を起こす方法がもうひとつあります。それは、偶然の一致について日記を書いたり、メモしておくことです。

わたしは数年間、偶然の一致の記録を取ったあと、それを小・中・大・特大に分

類しました。あなたのやりやすいスタイルで試してください。ふつうに日記をつけていて、偶然の一致に関連する言葉、文章、名称に下線を引くという人もいます。偶然の一致専用の日記をつける人もいます。

偶然の一致を丹念に調べたい人に勧めているのは、一日の要約づくりです。これは自分を人生や夢の観察者の立場に置いて、宇宙との結びつき、テーマ、イメージ、偶然の一致を解き明かしていく方法です。自分と宇宙の魂との結びつきは、夢のなかのほうがはるかに明確に示されるので、夢を見ている間にまったく新しいレベルの偶然の一致と遭遇するかもしれません。

まず、夜寝る前の数分間、その日一日に起こった出来事をすべて意識のスクリーンに映し出してみてください。映画を見るように、昼間の出来事を鑑賞しましょう。朝、目を覚まして、歯をみがき、朝食を食べ、車で職場に向かい、仕事に励み、夕食を食べている自分の姿を観察してください。分析したり、評価したり、判断したりする必要はありません。映画のようにただ眺めていればいいのです。ドラッグストアのカウンターにいた女性が、若かりし日の母親と同じ髪の色だったことに気づくかもしれません。スーパーマーケットの廊下を母親に引きずられながら、泣き叫んでいる幼い子供にとりわけ強く引かれるかもしれません。昼間は気づいていなかった、この映画のなかの場面に、あなたはきっと驚くはずです。

一日の映画として画面の流れを追っていくとき、あなた自身の姿を冷静に眺めてください。誇れることをしているかもしれませんし、ばつが悪くなる行いに気づくこともあるでしょう。この場合も評価は不要です。一日の映画の主役である自分の振る舞いについて、ちょっとした洞察を得ればいいのです。五分間でも、三十分でもかまいません。一日の要約を終えたなら、こう言って、映画を終了します。

「わたしが目にしたすべての出来事、わたしの人生のこの一日の映画は、今きちんと保存されました。この映像を意識のスクリーンに呼び出すことはできますが、無視すればすぐに消えてしまいます」

次に寝る瞬間に、「一日を要約したのと同じように、今、わたしの魂、スピリット、潜在意識に、夢を見るよう指示します」と声に出して言ってください。最初のうちは、変化はさほど感じられないかもしれませんが、数週間、毎晩、この指示をきちんとしておけば、夢は風景としてはっきりと映し出され、あなたはそのすべてを鑑賞できるようになるのです。朝、目を覚ましたときは、寝る前と同じように、夢のなかで起こった出来事を要約してみてください。

夢のなかで上映された映画を思い出せるようになったなら、印象に残るシーンをいくつか書きとめておきます。起きているときと同じように、「すべて」である知性が睡眠中に手がかりを与えてくれます。日中、わたしたちは人と出会い、話をし、何らかの状況、環境、出来事、関係に身を置いていますが、寝ている間も同じなのです。昼と夜の違いは、目覚めている間に発生する出来事のほうが、夢のなかの出来事よりも筋道立てて説明できることです。しかし、夢は自分自身の意識の投影であるばかりでなく、人生の道を解き明かす手段でもあります。夢の仕組みも、現実のなかで起こっている出来事の仕組みも、同じく魂の投影なのです。

やがて、夢と日常生活とのかかわり、どちらにも繰り返し映し出されている映像が少しずつわかってきます。偶然の一致が行動の指針を、もっと数多く与えてくれるようになります。チャンスが訪れ、「幸運」も増えていきます。偶然の一致から送られる手がかりは、今後の人生の進路を指し示してくれます。要約を習慣にすることで、自分が繰り返している行動パターンに気づき、人生の謎を解き明かせるようになるのです。

この方法はとくに、悪い習慣を改めるのに効果的です。人生には、わたしたちを成長させてくれるいくつかのテーマが現れますが、同じパターンやテーマばかりを繰り返していると、成長は止まってしまいます。たとえば、繰り返し恋をしては前とまったく同じみじめな結果に終わり、心に傷を負い、「なぜ、こんな目に何度もあわないといけないの？」と苦しむ人がいます。要約を実行することで、失敗のパターンを見極めることができれば、もっと意識的に自分に適した相手を選べるようになるでしょう。日記は必ずつけなくてはいけないというわけではありませんが、習慣にすると、思いがけない洞察を得たり、現実に偶然の一致が起こったりするものです。

確率に振幅のあるもの、つまり時空間で出来事が発生する統計的な確率から外れる出来事に、とくに関心を払ってください。誰もがある程度、計画を立てるものですが、計画が挫折《ざせつ》したり思いどおりにいかないことで、かえって素晴らしい洞察が得られる可能性があります。予想していた出来事が起きないことにも、宇宙の意思を知る手がかりが含まれているのです。

朝、目を覚ましても仕事が嫌でなかなかベッドから出られない人、仕事にやる気が出ない人、仕事が終わったとき「魂の抜けがらになった」ような気持ちになる人は、自分が抱いているその感情に関心を払わなくてはなりません。それは、「もっと充実した生活を送る手段を手に入れなさい」というしるしなのです。

奇跡は舞台の袖《そで》に隠れています。意思を形成し、宇宙からの手がかりに敏感になり、一連の偶然の一致に従って、自分が理想とする運命を創り出そうとしないかぎり、あなたは大切なことにまったく何も気づかないまま人生を送ることになるでしょう。

もちろん、人生に苦しみはつきもので、誰もが処理しきれないほどの重い荷物を背負って生きています。偶然の一致がいたるところで起こってくるかもしれませんし、まったく現れてくれないように思えるかもしれません。

この目まぐるしく複雑な世の中で、自分が歩むべき道を知るために、毎日五分間、黙ってじっと座り、自分の胸に問いかけてみましょう。「わたしは誰か？　人生で自分は何を求めているのか？　今日、わたしは人生に何を求めているのか？」

次に、頭を空っぽにして意識の流れに身をまかせ、内面でささやかれている穏やかな声に答えを出してもらってください。五分後に、その答えを書きとめます。このレッスンを毎日実行すれば、自然にこの答えを実現する方向に状況、環境、出来事、人々が整備されていきます。これがシンクロディスティニを実現するための第一歩です。

自分自身がどんな願望や欲求を抱いているのか、考える習慣をもっている人はほとんどいません。願望や欲求を抱いていても、それはどうせ実現しないと思っている人も大勢いるでしょう。しかし、宇宙にはあなたに方向を指し示してくれる羅針盤が存在しています。それを発見するためには、自分の内面を覗きさえすればいいのです。あなたの魂が抱いているもっとも純粋な願望、自分の人生の夢を見つけ出せばいいのです。

静かに座ってください。願望が自然と心のなかに浮かび上がるようにしてください。

そうすれば、あなたはつねにその指針に従って生きていけるようになります。

6 あなた自身の「原型」を知る

ついに、シンクロディスティニの核心に踏み込む瞬間が訪れました。

魂にはふたつの性質があることに気づき、波が海の一部であるのと同じように、人間も「すべて」である知性に完全に組み込まれていることを理解しました。また、わたしたちを宇宙の源と結びつける基盤であるシンクロニシティを、万物のなかに見てきました。そして、偶然の一致が運命の方向を指し示してくれる、「すべて」である知性からのメッセージであることを学び、意思が運命の方向に影響を及ぼすこともわかりました。

もっとも深い関係と意味は、魂から生まれてくることも知りました。是が非でも達成したい壮大で神秘的な出来事も、魂から生まれてくるものなのです。今、この地球で、こういった神秘的探究を完了しないかぎり、個人の魂は偉大な出来事を成就できないでしょう。この探究は、自らの運命を築きあげていくための壮大な計画なのです。

すべての人間の内部には、中心となるテーマ、英雄的な生き方の模範、この世の中に姿を現そうとしている、神や女神が宿っています。あなたは、自分のテーマをこの世で実現する人間として生まれてきたのです。ところが、ほとんどの人は無限の可能性に自分が開かれていることに気づいていないため、本来の自分の姿を否定しています。しかし、この否定された姿こそ、あなたの最高の自己、エゴのない自己なのです。宇宙は全体の幸福を実現するために、この最高の自己をあなたに演じさせようとしています。

日常に流される人生を送っている人はとくに、自分の内面に宿る神秘的な存在に触れることができずにいます。あなたもかつて、そのひとりだったかもしれません。

しかし自分の魂に書き込まれている計画を理解し、満ちたりた人間関係を築きあげていくことで生きる意味に気づき、神秘的な劇を自ら演じてみることで、悟りの道へと歩み出すことができます。愛情や思いやりがそこから生まれ、願望が達成されるのです。

内面に書き込まれた神秘的な物語、そこに登場するヒーローやヒロインは、原型《アーキタイプ》と呼ばれています。この原型は、集合的な宇宙のレベルに存在する永遠のテーマでもあります。テーマとは、宇宙的な魂、つまり集合的な意識（カール・ユングの言う集合的無意識）の渇望、想像、もっとも大きな願望を象徴したもので、古代文化の文書のなかに見いだすことができます。時代によって形に違いはありますが、核心となる部分にはまったく変化はありません。いい悪いは別にして、このような原型は、現代の映画、メロドラマ、タブロイド紙のなかにも姿を現します。神であれ悪魔であれ、神聖であれ不敬であれ、罪人であれ聖者であれ、冒険者、賢者、求道者、救出者、愛する人、すべての人物は、宇宙的な魂のもつ意識的エネルギーが顕著な形で表現されたものなのです。

原型は宇宙的な魂から生まれてきますが、その役割を割り当てられているのは個人的な魂です。物質的な世界では、原型が登場する神秘的なドラマが毎日演じられています。マリリン・モンローは官能や美の女神アフロディーテ。ロバート・ダウニー・Jr・は荒々しく享楽的なバッカス。故ダイアナ妃は自分の信念のためなら掟《おきて》を破ってでも戦う、勇猛で恐れ知らずの戦士アルテミス――このように個人の魂に原型を見ることができます。

すべての人に宿る「原型」

著名人にかぎらず、すべての人間の心のなかには、自分に適した原型がひとりまたは二、三人、宿っています。わたしたち一人ひとりが原型の人物を模範とし、その役を演じるために魂のレベルにつながれているのです。内面にはすでにこの原型の種がまかれていて、芽が出てきたとき、ある種の人間に成長していく特定の力が解き放たれます。トマトの種からはバラは咲かず、トマトが実ります。人間も同じように、自らの原型を活性化することで、この世で自分に割り当てられた人物へと成長していくのです。この個人の原型は、人類の抱く願望や意思を反映したものです。

「あなたは誰？」

「何を望んでいますか？」

「人生の目的は？」

心のいちばん奥深くで、この質問が魂に投げかけられます。その答えを見つけるために、あなたは自分の魂に語りかけなくてはいけないのです。すると、自分の心のなかの原型も明らかになってきます。

すべての人間が自分にレッテルを貼《は》らなくてはならない、目標志向の社会にわたしたちは暮らしています。魂の本質を探究するためには、これはあまりいい環境とは言えません。わたしのことを作家と呼ぶ人がいます。スピリチュアリティの思想家、心身医療の医師、個人的アドバイザーと呼ぶ人もいます。子供にとってわたしは父であり、妻にとっては配偶者です。これらすべての役割がわたしという人間を説明するのに役立ちますが、本質を表すものではありません。

運命が明らかになっていくとき、「いったいわたしとは誰か？」という疑問がつねに表面に浮かび上がってきます。自分にレッテルを貼りつけると、壺《つぼ》に入れられた蝶《ちょう》のように自由を失い、動けなくなります。原型はそれとは正反対で、生き方のモデルであり、あなたの魂の究極の運命に向かって、人生を導いてくれるイメージやアイデアです。本当の自分の姿に気づき、それを開花させることができれば、魂のレベルで素晴らしい生き方ができるのです。

善意であろうとなかろうと、物質的な世界の影響力に振り回されてしまうと、誘惑に負け、魂があなたに定めている運命から外れていきます。自分にとってさほど大切ではないものまで欲しくなり、宇宙の意思とは食い違う意思を抱くようになってしまうのです。このような影響力は、最高のアドバイスをしてあげられると考えている友人と同じくらい悪気のないものかもしれませんし、とめどない消費へと人を駆り立てるコマーシャルのように、猛威を振るうものかもしれません。または副社長の肩書きと高収入、豪華な専用オフィスのように、魅力的に映るかもしれません。

しかし、これらはすべて宇宙ではなく、物質的な世界から送られてくるメッセージです。宇宙があなたのために準備している人生の青写真は、魂のレベルで見つかります。あなたは偶然の一致という形で手がかりをつかみ、原型という形で手本を得られるのです。

では、どんな運命があなたに用意されているのか、どのような夢がメディアがつくり出した単なる製品にすぎないのか、見分けるにはどうすればいいのでしょう？

明日のブリトニー・スピアーズを夢見ている少女はどれくらいいるでしょう？未来のマイケル・ジョーダンを目指している少年はどれくらいいるでしょう？　人が有名人の真似をするのは、内面の探究に成功した彼らが自分の原型を演じてくれているからです。

宇宙の魂の意思と連絡をとらなければ、自分の原型や運命を知ることはできません。内面を見つめ、心のいちばん奥深くで抱いている願望を明らかにし、自分の意思にいちばん適した原型を選び、そのいにしえのパターンに従わなくてはならないのです。

自分の原型を見つける

原型は自分で見つけ出すものです。あなたのことをよく知っている人が、「ほら、これが君の原型だよ」と言ったとしても、実際にあなたについて調べられる人は、あなたしかいません。古代インドの英知である『ヴェーダ』には、「自らの内面にいる神や女神の胎児と連絡をとり、この世の中にきちんと生み出せないかぎり、いつまでたっても平凡な人生から抜け出せない」とあります。

原型はほんとうの自分を理解し、明確にするのに不可欠であり、集合的な意識が個人を通して現れたものです。文明は神話から誕生しました。神話を奪われてしまえば、子供たちは町のつっぱり少年のグループに加わることになるでしょう。集団にはリーダーがいて、儀式や通過儀礼など、神話の材料がそろっているからです。子供たちは、神話のなかの体験をするために、不良グループに入っているのです。

宇宙飛行士が月面を歩いたり、飛行士が最初の大西洋横断単独飛行に飛び立ったり、人間が素晴らしいことを実行するときにも、そこには必ず、金の羊毛を探求するイアソン、羽根とロウでできた翼で空に舞い上がったイカロスなどの神話の探究が行われているのです。

神話のほかにほんとうの原型を演じているのは、マハトマ・ガンジー、マーチン・ルーサー・キング、公民権運動の母であるローザ・パークスのような、日常を飛び越して驚異の領域に到達した人たちです。彼らが偉業を達成できたのは、人類の集合的な意識を利用し、いくつかの出来事の流れを見、その瞬間の選択に基づいて未来を予測できたからなのです。

マハトマ・ガンジーは南アフリカのダーバンで、人種差別のために汽車から放り出されました。そのとき目を閉じたら、イギリスが世界の半分を破壊している映像が見えたと言われています。このひとつの出来事が、後に歴史の流れを変えることになったのです。

人はふつう、目の前で起こっている出来事しか見ることはできません。しかし、眠ったままでいる潜在能力を目覚めさせ、駆使することで英知が芽生えます。サンスクリット語で、この潜在能力はシッディと呼ばれ、超感覚的知覚、シンクロニシティ、テレパシーなど、超常的なパワーを意味しています。

この潜在能力こそ、神話として開花するパワーなのです。

原型は楽しみながら見つけ出さなくてはいけません。間違った選択をしでかさないかと不安を抱いてはいけません。原型は集合的な意識から生まれているので、どんな人にもすべての原型が備わっているのですから。

自分がもっとも共鳴できて、自分の気持ちを表現してくれている原型をひとつ（あるいは二、三）発見しましょう。とりわけ目立つ原型もいくつか存在していますが、背伸びをする必要はありません。むしろ魅力を感じたり、やる気を起こしてくれたり、励ましてくれる原型を探し出すことです。心配はいりません。その性質を目にした瞬間、はっと気づくはずです。いちばん好きなものを選べば、間違いありません。

原型を見つけるために、友人で『神秘的人生、より大きな物語を実現する方法』（邦訳：なし）の著者ジーン・ヒューストンのレッスンにわたしが多少手を加えたものを紹介しましょう。

緊張をほぐし、頭のなかを空っぽの状態にしてください。理想を言えば、目を閉じている間、次の文章を誰かに読んで聞かせてもらうのがいいでしょう。できれば、さらにテープかCDに録音し、再生し、場面をはっきり想像できるようにしてください。

光の領域へのイメージ・レッスン

まず二、三度、深呼吸してください。息をゆっくりと吸って吐いてください。身体のなかの緊張、こわばり、抵抗を取り去ります。ゆっくり、深く、楽に呼吸を続けます。息を吐くたびに、あなたはもっと深く、穏やかで、リラックスできる場所へと移動していきます。

今、あなたは都会の喧騒《けんそう》を離れた、美しい樹木が並んでいる田舎道を歩いています。頭上には鳥が舞い上がり、白い尻尾《しっぽ》のウサギが道を素早く横切り、蝶があたりを飛び回っています。あなたはぶらぶら歩きながら、草木が青々と茂った田舎の風景を眺めています。空き地に出ると、そこにはわらぶき屋根の風情がある小屋が建っています。家の扉は開いていて、まるであなたを歓迎しているかのようです。

家のなかを覗《のぞ》くと、書斎や家の裏手に続いている廊下が見えます。まるでわが家に戻ってきたような、ほっとした気分になります。廊下を歩いていき、小さな部屋に入ります。あなたはこの部屋のクローゼットを開けてみます。服を手で押しのけると、クローゼットの後ろに隙間《すきま》があるのがわかりました。この隙間に入り込んでいくと、曲がりくねりながら下に降りている古い石の階段があります。かすかな明かりだったので、下に転がり落ちたりしないように、手すりにつかまりながら、一段一段、慎重にあなたは降りていきます。

こうして下にたどり着くと、そこは銀色の月の光をキラキラ映している大きな川のほとりです。あなたは川辺に座り、心安らぐ川の流れに耳を傾け、満天に輝く星をじっと見つめます。

するとに、船が見えてきます。船は川面をすべるように進み、こちらに向かってきました。リネンのローブに身を包んだ人物が、船のなかで立ち上がり、あなたを手招きしています。何か安心で、守られているような気持ちに包まれながら、あなたは船に乗ります。そのとき流れるようにさらさらした衣装を与えられます。

狭いトンネルを通り抜けるとき、船はどこまでも進んでいくように思えます。船首にいるひげをはやした船頭が、聞きなれないマントラを唱えはじめます。数分後には、あなたの感覚は以前とは比較できないほど研ぎ澄まされています。緊張はほぐれ、驚くほど爽快《そうかい》な気分です。

トンネルの向こうに光が見え、どんどん明るくなっていきます。光に近づいていくとき、そこが可能性の領域の入り口であることに気づきます。あなたはその領域に入り、光のなかに身をひたします。急に、自分の身体から重さがなくなります。船を降りて水に浮かび、自分をいつくしんでくれるような光に溶け込んでいきます。あなたは光そのものになっています。今、あなたは振動する光であり、仮想の存在です。この純粋な可能性の領域から、あなたは自分が選ぶ好きな姿で、量子や物質の世界に、時空間のどんな場所にも現れることができます。

光の中心に赴き、ギリシャの神々の女王である、威厳と美の象徴のヘラに変身します。あなたは自信に満ち、周囲に威厳を放ち、世の中を指揮しています。臣下たちはあなたに全幅の信頼を寄せています。あなたはまさしく自信の表れです。この力強い女神の意識をもったらどうなるか、感じてください。彼女のしぐさ、言葉、顔の表情を身につけたらどうなるか、感じてみてください。女王の目でこの世の中を眺め、彼女の耳で世の中の声を聞いてください。

では、女神に別れを告げ、あなたはまた光に戻ります。あなたは自分のもつ可能性に胸をときめかせながら、再び純粋な可能性の領域にいます。再び光の中心に赴き、今度は人生の荒波を乗り越える知恵をもった賢い老王に変身します。あなたはこの世の中にある形や現象を宇宙のダンスと考えている、ひげをはやした偉大なリシ（賢者）です。あなたはこの世にいながら、世の中を客観的に眺めています。あなたの思考、言葉、行動のそれぞれが完全無欠さを象徴しています。賢者の意識をもったらどうなるか、感じてみてください。この人物の思考、言葉、しぐさを身につけたらどうなるか、感じてください。

では、賢者に別れを告げ、再び光の中心に赴き、今度は救い主に変身します。あなたは許しや希望を周囲に振りまく思いやりの光です。どんなに不吉な暗闇《くらやみ》も、あなたがいると追い払われていきます。あなたは神の化身であり、キリストやブッダの真髄です。救い主の心にどんな考えが浮かんでくるか眺めてください。心のなかにわいてくる感情を感じてみてください。生きとし生けるものへの思いやりや愛情にあふれた、救い主の目で、この世の中を見つめてください。

では、救い主に別れを告げます。あなたは光であり、存在しているものなら過去でも未来でも、どんなものにも変身することができます。また光の中心に赴き、今度は神々の母の姿になります。あなたはすべてのものをはぐくみ、生命力を授けるエネルギーに満ちあふれた農業・多産・結婚の女神デメテルであり、シャクティー（シバ神の妻）です。あなたはあらゆるものに愛情ややさしさを降り注いでいます。あなたは根源的な創造力であり、形や現象を生み出していきます。神々の母親の意識を味わってみてください。神々の母と同じ感情を抱いてください。彼女の目で創造の過程を目撃し、彼女の耳で創造の瞬間に耳を傾けてください。

では、神々の母親に別れを告げます。再び光の中心に赴き、今度は快楽、恍惚《こうこつ》、酩酊《めいてい》、過剰と放縦の神バッカスになります。あなたは一瞬一瞬に全身全霊を捧《ささ》げています。あなたの勢いを誰も抑えることはできません。あなたは生きる実感を与えてくれる経験に没頭し、愛に酔いしれています。この陶酔感にひたってください。バッカスの目で世の中を見、あなたを祝福する宇宙の音楽に耳を傾けてください。感覚や精神を、忘我の境地にさまよわせてください。

では、バッカスに別れを告げ、今度は学問と芸術の女神アテナや、インド神話の知恵の女神サラスバティーに変身します。あなたは知識、知恵、芸術、科学的論理を司る、文明の保護者です。あなたは真実の表現を妨げる無知を破壊することに、情熱を捧げています。英知の女神の目で世の中を見、彼女の耳で世間の声に耳を傾けてください。あなたは洗練や優雅さの具現であり、最高の価値である思いやりと英知の象徴です。

では、英知の女神に別れを告げて、再び何の束縛もない光のなかに溶け込んでい